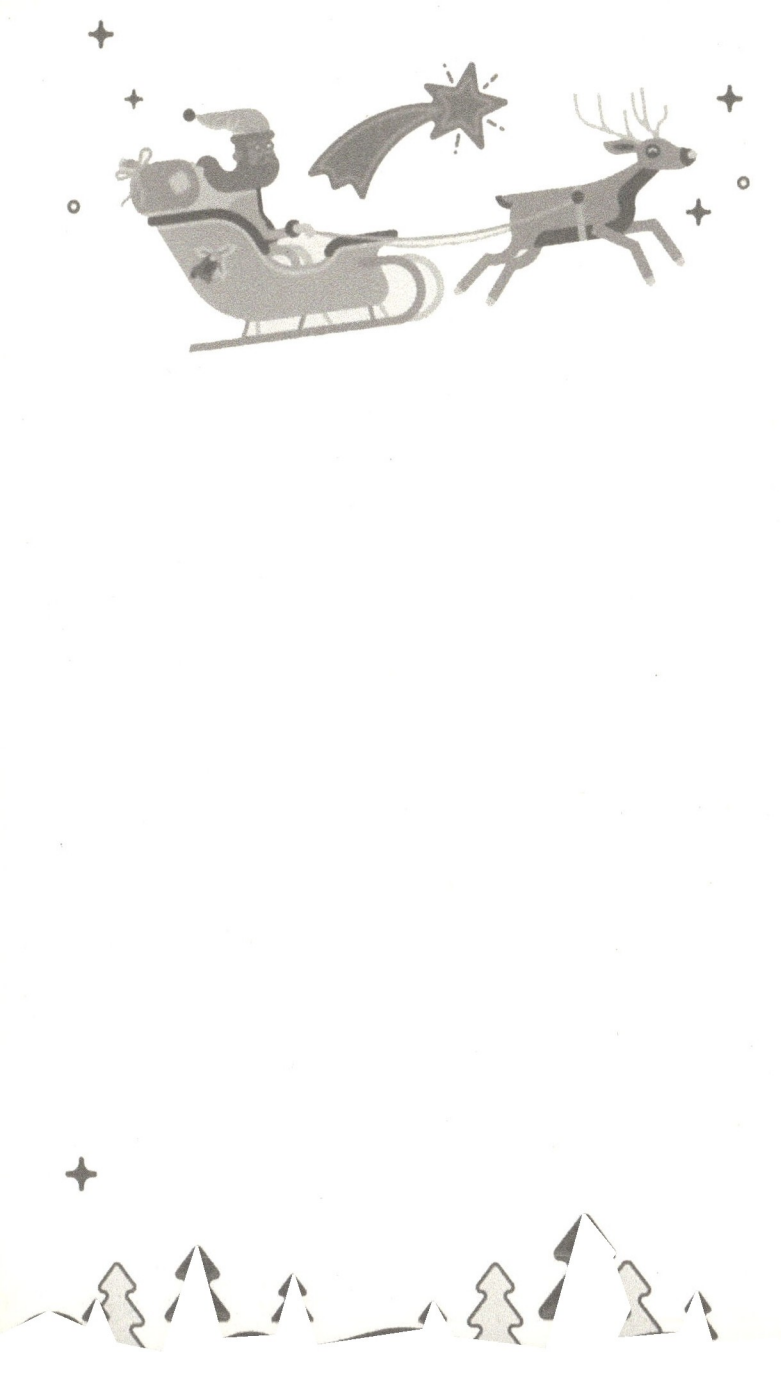

Der literarische Adventskalender

DER LITERARISCHE ADVENTSKALENDER

24

Weihnachtserzählungen und Gedichte

Ausgewählt von
Michael Büsgen

Anaconda

MIX
Papier | Fördert
gute Waldnutzung
FSC® C014496

Penguin Random House Verlagsgruppe FSC® N001967

Die Deutsche Nationalbibliothek verzeichnet diese Publikation in
der Deutschen Nationalbibliografie; detaillierte bibliografische
Daten sind im Internet unter http://dnb.d-nb.de abrufbar.

© 2023, 2024 by Anaconda Verlag München, in der
Penguin Random House Verlagsgruppe GmbH,
Neumarkter Straße 28, 81673 München
Alle Rechte vorbehalten.
Umschlagmotiv: shutterstock.com / Mascha Tace
Umschlaggestaltung: www.katjaholst.de
Satz und Layout: KCFG – Medienagentur, Neuss
Druck und Bindung: GGP Media GmbH, Pößneck
Printed in Germany
ISBN 978-3-7306-1329-0

www.anacondaverlag.de

Inhalt

 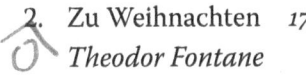

"sehr schön!

Weihnachtszeit

O schöne, herrliche Weihnachtszeit!
Was bringst du Lust und Fröhlichkeit!
Wenn der heilige Christ in jedem Haus
teilt seine lieben Gaben aus.

Und ist das Häuschen noch so klein,
so kommt der heilige Christ hinein,
und alle sind ihm lieb wie die Seinen,
die Armen und Reichen, die Großen und Kleinen.

Der heilige Christ an alle denkt,
ein jedes wird von ihm beschenkt.
Drum lasst uns freuen und dankbar sein!
Er denkt auch unser, mein und dein!

Heinrich Hoffmann von Fallersleben

1.

Dezember

Vom Feuermännchen und der Maus Grisegrau

Paula Dehmel

Heut will ich euch die Geschichte vom Feuermännchen erzählen«, sagte eines Abends unsere gute alte Tante Minna; »sie ist zwar ein bissel gruselig, aber ich will sie euch doch erzählen.

Ihr müsst wissen, zu Hause in Pankenbrück hatten wir einen großen Kachelofen, so einen recht altmodischen grünen Kachelofen. Und blanke Haken hatte er, um nasse Kleider dran aufzuhängen, und eine Warmröhre mit einer Messingtüre hatte er auch. Darin gab es im Winter Bratäpfel oder ein Töpfchen mit Kaffee für den Fritz und die Grete, wenn sie müde und hungrig vom Schlittschuhlaufen kamen.

Ich sage euch Kinder, es war ein Prachtstück von einem alten Kachelofen!

Und was das herrlichste war, es wohnte ein Feuermännchen drin, ein wirklich gelbes Teufelchen. Wenn man unten die Tür aufmachte und die rote Glut einem entgegenschlug, konnte man ihn deutlich hüpfen und springen sehn, hopp, hopp, immer durch die Flammen durch, hinüber und herüber. Manchmal machte er auch einen ganz lächerlichen Specktakel. Er amüsierte sich, die Holzstücke, die nicht gleich brennen wollten, knack, mitten durchzubrechen, spuckte wohl auch die Flammen, dass sie sprühten und zischten, und kicherte vernehmlich hinterher. Kurz und gut, er war eben ein rechtes Teufelchen, wie alle andern Feuermännchen auch sind.

Doch nun kommt meine Geschichte.

Einmal nämlich musste ich eine Mausefalle aufstellen. Im Eckschrank in der Wohnstube hatte das Brot ein ganz verdächtiges Loch gehabt. Ich briet ein Stück Speck hübsch knusprig und legte es in die Falle. Am andern Morgen war der Speck weg, die Falle aber zu und von einem Mäuschen nix zu sehen. Grete und ich schüttelten verwundert die Köpfe; bloß der Fritz, der sich über nichts wunderte, lachte unbändig, sodass wir schon glaubten, er habe das Mäuschen wieder laufen lassen. Er sagte aber nein, und da er ein wahrhaftiger Junge war, mussten wir ihm schon glauben. Ich machte ein neues Stück Speck zurecht und richtete die Falle zum zweiten Male. Aber es ging wie vorher: Speck weg, Maus weg, Falle zu! Das ging nicht mit rechten Dingen zu!

Ich machte mir nun mein Bett auf dem Sofa in der Wohnstube zurecht und wollte aufpassen. In der Falle roch wieder ein saftiges Speckstückchen. Ich legte mich hin und blinzelte von Zeit zu Zeit hinüber, aber es blieb alles still.

Wenn der Vollmond nicht so hell ins Zimmer geschienen hätte, wäre mir die Zeit gewiss recht lang geworden. Endlich hörte ich Trippelschrittchen, und – Kinder, da hatten wir die Bescherung! Da kam mein Mäuschen, aber nicht allein, es hatte einen artigen Kavalier bei sich, nämlich unser leibhaftiges Feuermännchen. Der ging an die Falle, hielt zierlich und geschickt das Fallbrettchen hoch, Mäuschen holte den Speck, und als sie außer Gefahr war, ließ das Kerlchen vorsichtig den Deckel wieder fallen. Ich sah belustigt zu, mit welchem Appetit sie dann den Speck verzehrten, und spitzte die Ohren, was sie wohl sonst noch machen würden.

Ich brauchte nicht lange zu warten, bis sie ihre drolligen Spiele anfingen.

Mitten auf der Diele war ein großer weißer Fleck, den hatte der Vollmond dorthin gemalt. Da begannen sie ihre Kunststückchen. Wie die geschicktesten Turner und Seiltänzer sag' ich euch!

Einmal war Feuermännchen der Reiter und Maus das Pferdchen. Hui, ging's immer rundum, ohne Sattel und Zaum. Nein, das hättet ihr wirklich sehn müssen! Von Mäuschens kleinen Ohren bis zu Mäuschens Schwanzspitze lief das behände Männchen hin und her, vorwärts und rückwärts, dass sein gelbes Röckchen sich um ihn bauschte und die roten Schuhe klapperten. Dabei schoss er noch Köpfchen und schlug Räder dabei; ich sage euch, mir wurde ganz wirbelig dabei.

Oder Maus lief ihrem Kameraden blitzschnell durch die Beine, rechtsum, linksum, sprang ihm unversehens über den Kopf weg, wieder durch die Beine und lief ihm endlich davon. Dann begann ein tolles Haschen über Stuhl und Tisch, oben und unten; von der Gardinenstange aufs Fensterbrett, von dort auf die Sofalehne oder quer über die Kommode, bis sie sich endlich hatten und müde waren. Dann setzten sie sich artig auf eine Fußbank und streichelten und küssten sich wie richtige Liebesleute.

14

Bald aber tollten sie wieder wie vorher. Das dauerte so eine gute Stunde; da ging der Mond weg, und Maus und Feuermännchen verschwanden im Ofen, unten, wo schon lange eine Kachel fehlte. Na, nun wusste ich Bescheid und nahm mir vor, da nun einmal das Mäuschen unserm Feuermännchen sein Schatz war, ihr nix Böses zu tun. Im Gegenteil, Grete musste jeden Tag ein Puppenschälchen voll Milch vor das Ofenloch stellen; und ich tat ab und zu auch noch einen andern guten Bissen hinein; wusste ich doch, dass auch Feuermännchen kein Kostverächter sei.

Bald war das Mäuschen so zahm, dass es sich auch am Tage hervorwagte, ja, es stellte sich zu den Mahlzeiten ein und trug manch Häppchen zu ihrem Schatz ins Ofenloch. Wir nannten sie Frau Grisegrau und hatten sie alle lieb.

Wenn Vollmond war, ließ es mir keine Ruhe; eine Nacht wenigstens musste ich ihrem übermütigen Treiben zusehen. Auch dem Fritz und der Grete machte ich mal im Wohnzimmer ihr Bett auf; aber die dummen Göhren schliefen immer ein und wussten am andern Morgen nix vom Feuermännchen und nix von Frau Grisegrau.

So lebten wir ein paar schöne Jahre zusammen; und wenn die Bratäpfel in unserm alten Ofen schmorten und draußen der Sturm ging, erzählte ich den Kindern neue Kunststücke von Feuermännchen und Grisegrau, und sie guckten vergnügt ins Ofenloch und sahen das Teufelchen lustig flackern und springen.

Doch nun kommt's traurig, Kinder, denn alles Schöne hat im Leben mal ein Ende.

Eines Tages lag unser Mäuschen tot vor ihrem Loche. Ein fremder Kater hatte sich hereingeschlichen und es erwischt. Ich verjagte ihn, aber ich kam zu spät.

Ich blieb im Wohnzimmer, und als der Mond kam, sah ich unser Feuermännchen klagend um die Leiche gehen. Zuletzt nahm er sie auf den Rücken und ging langsam den gewohnten Weg durch die Kachel.

Im Ofen war noch Glut, ich bückte mich, um hinein-zusehen, da war er schon mit seiner lieben Grisegrau mitten drin. Hellauf loderten die Flammen, die die kleine Maus begraben sollten; ganz stille hockte das Feuer-männchen daneben und sah zu.

Mir war ganz traurig zumute, als ob mir was liebes gestorben wäre . . .

Bei uns im Hause wurde es auch still, seitdem Feuer-männchen und Griesegrau nicht mehr zusammen spiel-ten. Der Fritz kam zu den Soldaten und die Grete wurde Erzieherin weit weg in Ungarn. Für mich allein mochte ich keine Bratäpfel mehr in den alten Kachelofen legen, und auch das Feuermännchen habe ich seit jener Nacht nicht wieder gesehen.

2.
Dezember

Zu Weihnachten

Theodor Fontane

Ich kann nun wieder leben«, hatte Grete gesagt, und wirklich, das Leben wurd ihr leichter seitdem. Ein beinah freudiger Trotz, dem sie sich, auch wenn sie gehorchte, hingeben konnte, half ihr über alle Kränkungen hinweg. Sie gehorchte ja nur noch, weil sie gehorchen wollte. Wollte sie nicht mehr, so konnte sie, wie sie zu Valtin gesagt hatte, jeden Tag »dem Spiel ein Ende machen«.

Und wirklich, ein Spiel war es nur noch, oder sie wusst es doch in diesem Lichte zu sehen. Das gab ihr eine wunderbare Kraft, und wenn sie dann spätabends in ihre Giebelstube hinaufstieg, die sie, seit das Kind unten aus der ersten Pflege war, wieder mit Reginen bewohnte, so gelang es ihr, mit dieser zu lachen und zu scherzen. Und wenn es dann hieß, »aber nun schlafe, Gret«, dann wickelte sie sich freilich in ihre Decken und schwieg, aber nur, um sich in wachen Träumen eine Welt der Freiheit und des Glückes aufzubauen. Dabei sah sie sich am liebsten am Bug oder Steuer eines Schiffes stehen, und der Seewind ging, und es war Nachtzeit, und die Sterne funkelten. Und sie sah dann hinauf, und alles war groß und weit und frei. Und zuletzt überkam es sie wie Frieden inmitten aller Sehnsucht, ihr Trotz wurde Demut, und an Stelle des bösen Engels, der ihren Tag beherrscht hatte, saß nun ihr guter Engel an ihrem Bett.

Und wenn sie dann andren Tags erwachte und hinuntersah auf den Garten und den Pfau auf seiner Stange kreischen hörte, dann fragte sie sich: »Bist du noch du selbst? Bist du noch unglücklich?« Und mitunter wusste sie's kaum. Aber freilich auch andere Tage kamen, wo sie's wusste, nur allzu gut, und wo weder ihr guter noch ihr böser Engel, weder ihre Demut noch ihr Trotz sie vor einem immer bitterer und leidenschaftlicher aufgärenden Groll zu schützen wusste.

Ein solcher Tag, und der bittersten einer, war der Weihnachtstag, an dem auch diesmal ein Christbaum angezündet wurde. Aber nicht für Grete. Grete war ja groß, nein, nur für das Kleine, das denn auch nach den Lichtern haschte und vor allem nach dem Goldschaum, der reichlich in den Zweigen glitzerte.

»'S ist Gerdts Kind«, sagte Grete, der ihres Bruders Geiz und Habsucht immer ein Abscheu war, und sie wandte sich ihren eigenen Geschenken zu. Es waren ihrer nicht allzu viele: Lebkuchen und Äpfel und Nüsse, samt einem dicken Spangen-Gesangbuch (trotzdem sie schon zwei dergleichen hatte), auf dessen Titelblatt in großen Buchstaben und von Truds eigener Hand geschrieben war: Sprüche Salomonis, Kap. 16, Vers 18.

Sie kannte den Vers nicht, wusste aber, dass er ihr nichts Gutes bedeuten könne, und sobald sich's gab, war sie treppauf, um in der großen Bibel nachzuschlagen. Und nun las sie: »Wer zugrunde gehen soll, der wird stolz, und stolzer Mut kommt vor dem Fall.«

Es schien nicht, dass sie verwirrt oder irgendwie

betroffen war, sie strich nur, schnell entschlossen, die von Trud eingeschriebene Zeile mit einer dicken Feder durch, blätterte hastig in dem Alten Testament weiter, als ob sie nach einer bekannten, aber ihrem Gedächtnis wieder halb entfallenen Stelle suche, und schrieb dann ihrerseits die Prophetenstelle darunter, die des alten Jacob Minde letzte Mahnung an Trud enthalten hatte: »Lasse die Waisen Gnade bei dir finden.«

Und nun flog sie wieder treppab und legte das Buch an seinen alten Platz. Trud aber hatte wohl bemerkt, was um sie her vorgegangen, und als sie mit Gerdt allein im Zimmer war, sah sie nach und sagte, während sie sich verfärbte: »Sieh und lies!« Und er nahm nun selber das Buch und las und lachte vor sich hin, wie wenn er sich ihrer Niederlage freue. Denn seine hämische Natur kannte nichts Liebres als den Ärger andrer Leute, seine Frau nicht ausgenommen. Zwischen dieser aber und Greten unterblieb jedes Wort, und als der Fasching kam, den die Stadt diesmal ausnahmsweise prächtig mit Aufzügen und allerlei Mummenschanz feierte, schien der Zwischenfall vergessen.

Und auch um Ostern, als sich alles zu dem herkömmlichen großen Kirchgang rüstete, hütete sich Trud wohl, nach dem Buche zu fragen. Wusste sie doch, dass es Gret unter dem Weißzeug ihrer Truhe versteckt hatte. Denn sie mocht es nicht sehen.

3.
Dezember

Die Wichtelmänner

Jacob und Wilhelm Grimm

Es war ein Schuster ohne seine Schuld so arm geworden, dass ihm endlich nichts mehr übrig blieb als Leder zu einem einzigen Paar Schuhe. Nun schnitt er am Abend die Schuhe zu, die wollte er den nächsten Morgen in Arbeit nehmen; und weil er ein gutes Gewissen hatte, so legte er sich ruhig zu Bett, befahl sich dem lieben Gott und schlief ein. Morgens, nachdem er sein Gebet verrichtet hatte und sich zur Arbeit niedersetzen wollte, so standen die beiden Schuhe ganz fertig auf seinem Tisch. Er verwunderte sich und wusste nicht, was er dazu sagen sollte. Er nahm die Schuhe in die Hand, um sie näher zu betrachten: sie waren so sauber gearbeitet, dass kein Stich daran falsch war, gerade als wenn es ein Meisterstück sein sollte. Bald darauf trat auch schon ein Käufer ein, und weil ihm die Schuhe so gut gefielen, so bezahlte er mehr als gewöhnlich dafür, und der Schuster konnte von dem Geld Leder zu zwei Paar Schuhen erhandeln.

Er schnitt sie abends zu und wollte den nächsten Morgen mit frischem Mut an die Arbeit gehen, aber er brauchte es nicht; denn als er aufstand, waren sie schon fertig, und es blieben auch nicht die Käufer aus, die ihm so viel Geld gaben, dass er Leder zu vier Paar Schuhen einkaufen konnte. Er fand früh morgens auch die vier Paar fertig; und so ging's immer fort: was er abends zuschnitt, das war am Morgen verarbeitet, also dass er bald wieder sein ehrliches Auskommen hatte und endlich ein wohlhabender Mann ward. Nun geschah es eines Abends nicht lange vor Weihnachten, als der Mann wieder zugeschnitten hatte, dass er vor Schlafengehen zu seiner Frau sprach: »wie wär's, wenn wir diese Nacht aufblieben, um zu sehen, wer uns solche hilfreiche Hand leistet?« Die Frau war's zufrieden und steckte ein Licht an; darauf verbargen sie sich in den Stubenecken, hinter den Kleidern, die da aufgehängt waren, und gaben acht. Als es Mitternacht war, da kamen zwei kleine niedliche nackte Männlein, setzten sich vor des Schusters Tisch, nahmen alle zugeschnittene Arbeit zu sich und fingen an mit ihren Fingerlein so behend und schnell zu stechen, zu nähen, zu klopfen, dass der Schuster vor Verwunderung die Augen nicht abwenden konnte. Sie ließen nicht nach, bis alles zu Ende gebracht war und fertig auf dem Tische stand; dann sprangen sie schnell fort.

Am andern Morgen sprach die Frau: »Die kleinen Männer haben uns reich gemacht, wir müssten uns doch dankbar dafür bezeigen. Sie laufen so herum, haben nichts am Leib und müssen frieren. Weißt du was? Ich will Hemdlein, Rock, Wams und Höslein für sie nähen, auch jedem ein Paar Strümpfe stricken; mach du jedem ein Paar Schühlein dazu.« Der Mann sprach: »Das bin ich wohl zufrieden«, und abends, wie sie alles fertig hatten, legten sie die Geschenke statt der zugeschnittenen Arbeit zusammen auf den Tisch und versteckten sich dann, um mit anzusehen, wie sich die Männlein dazu anstellen würden. Um Mitternacht kamen sie herangesprungen und wollten sich gleich an die Arbeit machen; als sie aber kein zugeschnittenes Leder, sondern die niedlichen Kleidungsstücke fanden, verwunderten sie sich erst, dann aber bezeigten sie eine gewaltige Freude. Mit der größten Geschwindigkeit zogen sie sich an, strichen die schönen Kleider am Leib und sangen:

>*Sind wir nicht Knaben glatt und fein?*
Was sollen wir länger Schuster sein!«

Dann hüpften und tanzten sie und sprangen über Stühle und Bänke. Endlich tanzten sie zur Türe hinaus. Von nun an kamen sie nicht wieder, dem Schuster aber ging es wohl, solang er lebte, und es glückte ihm alles, was er unternahm.

4.

Dezember

Vor Weihnachten 1914

Rainer Maria Rilke

1

Da kommst du nun, du altes zahmes Fest,
und willst, an mein einstiges Herz gepresst,
getröstet sein. Ich soll dir sagen: du
bist immer noch die Seligkeit von einst,
und ich bin wieder dunkles Kind und tu'
die stillen Augen auf, in die du scheinst.
Gewiss, gewiss. Doch damals, da ich's war
und du mich schön erschrecktest, wenn die Türen
aufsprangen – und dein wunderbar
nicht länger zu verhaltendes Verführen
sich stürzte über mich wie die Gefahr
reißender Freuden: damals selbst, empfand
ich damals dich? Um jeden Gegenstand,
nach dem ich griff, war Schein von deinem Scheine,
doch plötzlich ward aus ihm und meiner Hand
ein neues Ding, das bange, fast gemeine
Ding, das besitzen heißt. Und ich erschrak.
Oh wie doch alle, eh ich es berührte,
so rein und leicht in meinem Anschaun lag.
Und wenn es auch zum Eigentum verführte,
noch war es keins. Noch haftete ihm nicht
mein Handeln an; mein Missverstehn; mein Wollen,
es soll etwas sein, was es nicht war.
Noch war es klar

und klärte mein Gesicht.
Noch viel es nicht, noch kam es nicht ins Rollen,
noch war es nicht das Ding, das widerspricht.
Da stand ich zögernd vor dem wundervollen
Un-Eigentum …

2
(… Oh, dass ich nun vor dir
so stünde, Welt, so stünde, ohne Ende
anschauender. Und heb ich je die Hände
so lege nichts hinein; denn ich verlier.

Doch lass durch mich wie durch die Luft den Flug
der Vögel gehen. Lass mich, wie aus Schatten
und Wind gemischt, dem schwebenden Bezug
kühl fühlbar sein. Die Dinge, die wir hatten,

(o sieh sie an, wie sie uns nachschaun) nie
erholen sie sich ganz. Nie nimmt sie wieder
der reine Raum. Die Schwere unsrer Glieder,
was uns an Abschied ist, kommt über sie.)

3
Auch dieses Fest lass los, mein Herz, wo sind
Beweise, dass es dir gehört? Wie Wind
aufsteht und etwas biegt und etwas drängt,
so fängt in dir ein Fühlen an und geht
wohin? drängt was? biegt was? Und darüber übersteht,
unfühlbar, Welt. Was willst du feiern, wenn

die Festlichkeit der Engel dir entweicht?
Was willst du fühlen? Ach, dein Fühlen reicht
vom Weinenden zum Nicht-mehr-Weinenden.
Doch drüber sind, unfühlbar, Himmel leicht
von zahllos Engeln. Dir unfühlbar. Du
kennst nur den Nicht-Schmerz. Die Sekunde Ruh
zwischen zwei Schmerzen. Kennst den kleinen Schlaf
im Lager der ermüdeten Geschicke.
Oh wie dich, Herz, vom ersten Augenblicke
Das Übermaß des Daseins übertraf.
Du fühltest auf. Da türmte sich vor dir
zu Fühlendes: ein Ding, zwei Dinge, vier
bereite Dinge. Schönes Lächeln stand
in einem Antlitz. Wie erkannt
sah eine Blume zu dir auf. Da flog
ein Vogel durch dich hin wie durch die Luft.
Und war dein Blick zu voll, so kam ein Duft,
und war es Dufts genug, so bog ein Ton
sich dir ans Ohr ... Schon
wähltest du und winktest: dieses nicht.
Und dein Besitz ward sichtbar am Verzicht.
Bang wie ein Sohn ging manches von dir fort
und sah sich lange um, und sieht von dort,
wo du nicht fühlst, noch immer her. O dass
du immer wieder wehren musst: genug,
statt: mehr! zu rufen, statt Bezug
in dich zu reißen, wie der Abgrund Bäche?
Schwächliches Herz. Was soll ein Herz aus Schwäche?
Heißt Herz-sein nicht Bewältigung?

Dass aus dem Tier-Kreis mir mit einem Sprung
dein Steinbock auf mein Herzgebirge spränge.
Geht nicht durch mich der Sterne Schwung?
Umfass ich nicht das weltische Gedränge?
Was bin ich hier? Was war ich jung?

5.
Dezember

Der Schneider
von Gloucester

Beatrix Potter

»Ich will was springen lassen für 'nen Spiegel
Und dutzendweise Schneider unterhalten.«

Shakespeare, König Richard III.

*Für Freda, weil du Märchen so gerne hast und weil du
krank warst*

Zur Zeit der Schwerter und Perücken und der gebauschten Kleider mit geblümtem Brustlatz, als die Herren Rüschen trugen und goldgeränderte Westen aus Seide und Taft, da lebte ein Schneider in Gloucester. Von morgens bis abends saß er in seiner kleinen Werkstatt in der Westgate Street mit gekreuzten Beinen am Fenster. Den ganzen Tag hindurch, solange er genügend Licht hatte, nähte er und schnitt zu und machte Schönes aus Brokat und Plissee und Popeline. Die Stoffe hatten seltsame Namen und waren sehr teuer zur Zeit des Schneiders von Gloucester.

Obwohl er für die Nachbarschaft feine Seidenkleider nähte, war er selbst sehr, sehr arm – ein kleiner, alter Mann mit verhärmtem Gesicht und krummen Fingern, der eine Brille und abgenutzte Sachen trug. Wenn er bestickte Stoffe zuschnitt, blieben kaum Reste übrig. Es fielen nur ganz kleine Ecken und Streifen ab, die überall auf dem Tisch herumlagen. »Schmale Zipfel, zu nichts zu gebrauchen – höchstens für Mäusewesten«, sagte der Schneider.

Eines bitterkalten Tages kurz vor Weihnachten begann der Schneider mit einem Mantel – einem Mantel aus kirschfarbener, gerippter Seide, die mit Stiefmütterchen und Rosen bestickt war – und einer cremefarbenen Weste aus Satin, mit einer Bordüre aus Samt und weichem grünem Kammgarn, und zwar für den Bürgermeister von Gloucester.

Der Schneider nähte und nähte und führte dabei Selbstgespräche. Er vermaß die Seide, wendete sie wieder und wieder und schnitt die Teile mit der Schere zurecht. Der ganze Tisch war bedeckt mit kirschfarbenen Schnipseln.

»Nichts verschwenden, schräg anschneiden, möglichst nichts übriglassen. Schärpen für Mäuse und Bänder für Mücken! Für Mäuse!«, sagte der Schneider von Gloucester.

Als die Schneeflocken auf die kleinen bleiverglasten Fenster fielen und ihm das Licht nahmen, beendete der Schneider sein Tagwerk. Die Seiden- und Satinstoffe blieben zugeschnitten auf dem Tisch liegen. Es waren zwölf Teile für den Mantel und vier für die Weste, außerdem lagen Taschenaufsätze, Manschetten und Knöpfe da, alles wohlsortiert. Als Futter für den Mantel gab es feinen gelben Taft und für die Knopflöcher der Weste kirschfarbenes Garn. Alles war vorbereitet, um es am

Morgen zusammenzunähen, alles vorbedacht und komplett – bis auf einen letzten Strang kirschfarbenes Seidengarn.

Der Schneider trat in der Dunkelheit aus seiner Werkstatt, denn dort schlief er nicht. Er verriegelte die Fenster, verschloss die Tür und nahm den Schlüssel mit. Hier wohnte nachts niemand außer kleinen, braunen Mäusen, und die brauchten zum Ein- und Ausgehen keine Schlüssel! Denn hinter den Holzvertäfelungen aller alten Häuser in Gloucester gibt es kleine Mäusestiegen und geheime Falltüren, und die Mäuse laufen durch lange, schmale Gänge von Haus zu Haus. So gelangen sie durch die ganze Stadt, ohne je auf die Straße zu müssen.

Der Schneider aber trat aus seiner Werkstatt und schlurfte durch den Schnee nach Hause. Er wohnte ganz in der Nähe, und obwohl es kein großes Haus war, konnte der arme Schneider sich die Miete nur für die Küche leisten. Er lebte allein mit seiner Katze, die Simpkin hieß. Den ganzen Tag lang, während der Schneider bei der Arbeit war, kümmerte Simpkin sich allein um den Haushalt. Er mochte die Mäuse, auch wenn sie von ihm keine Seide für Mäntel bekamen!

»Miau?«, sagte die Katze, als der Schneider die Tür öffnete. »Miau?«

Der Schneider erwiderte: »Simpkin, eines Tages werden wir noch unser Glück machen, aber jetzt bin ich abgebrannt. Nimm diese vier Pennys (es sind unsere letzten) und eine Kanne. Kauf für einen Penny Brot, für einen Penny Milch und für einen Penny Wurst. Ach, und

Simpkin, mit dem letzten Penny kauf mir kirschfarbenes Seidengarn. Aber verlier mir den letzten Penny nicht, Simpkin, sonst bin ich ruiniert und am Ende, denn das GARN IST AUS.«

Da sagte Simpkin noch einmal: »Miau?«, nahm das Geld und die Kanne und ging hinaus in die Dunkelheit.

Der Schneider war sehr müde, und er brütete eine Krankheit aus. Er setzte sich an den Kamin und führte Selbstgespräche über diesen herrlichen Mantel. »Ich werde mein Glück machen – schräg zugeschnitten – der Bürgermeister von Gloucester wird am Morgen des ersten Weihnachtstages heiraten, und er hat einen Mantel und eine bestickte Weste in Auftrag gegeben – gefüttert mit gelbem Taft – und der Taft reicht mir gerade. Aus den wenigen Stoffresten ließen sich höchstens noch Schärpen für Mäuse machen –«

Da schreckte der Schneider hoch, denn plötzlich kam von der Kommode auf der anderen Küchenseite her ein leises Geräusch, das ihn aufstörte – *Tipp tapp, tipp tapp, tipp tapp tipp!*

»Nanu, was ist das denn?«, sagte der Schneider von Gloucester und sprang von seinem Stuhl auf. Die Kommode stand voll mit Geschirr und Kannen, dazu Teller, Teetassen und Becher mit blauen Motiven. Der Schneider durchquerte die Küche und stellte sich ganz still vor die Kommode. Er lauschte und spähte durch seine Brille. Und wieder ertönten von unter einer Teetasse diese ulkigen leisen Geräusche – *Tipp tapp, tipp tapp, tipp tapp tipp!*

»Das ist sehr merkwürdig«, sagte der Schneider von Gloucester, und er hob die Teetasse hoch, die verkehrt herum dastand. Hervor kam eine lebendige kleine Mäusedame und machte vor dem Schneider einen Knicks! Dann sprang sie die Kommode hinab und lief hinter die Vertäfelung davon. Der Schneider setzte sich wieder ans Feuer, wärmte seine armen, kalten Hände und sagte murmelnd zu sich selbst:

»Die Weste besteht aus pfirsichfarbenem Satin und ist fein mit Rosenknospen bestickt, mit herrlichem Seidengarn. War es klug, Simpkin meine letzten vier Pennys anzuvertrauen? Einundzwanzig Knopflöcher, eingefasst mit kirschfarbenem Garn!« Doch da kam mit einem Mal von der Kommode her erneut ein leises Geräusch – *Tipp tapp, tipp tapp, tipp tapp tipp!*

»Das ist doch wirklich ungewöhnlich!«, sagte der Schneider von Gloucester und drehte eine weitere Teetasse um, die verkehrt herum stand. Hervor kam ein kleiner Mäuseherr und verbeugte sich vor dem Schneider! Daraufhin war aus der gesamten Kommode ein Chor von kleinen Tapsern zu hören, ein einziges großes, ineinandergreifendes Getümmel, wie bei Nagekäfern in einem alten, wurmzerfressenen Fensterladen – *Tipp tapp, tipp tapp, tipp tapp tipp!* Und unter den Teetassen, unter Schalen und Schüsseln kamen weitere und immer mehr kleine Mäuse hervor, die von der Kommode hinabsprangen und hinter der Vertäfelung davonliefen.

Der Schneider setzte sich ganz dicht ans Feuer und jammerte: »Einundzwanzig Knopflöcher aus kirschfarbener Seide! Müssen bis Samstagmittag fertig sein, und jetzt ist Dienstagabend. War es recht, diese Mäuse laufen zu lassen, die zweifellos Simpkins Eigentum sind? Wehe mir, ich bin ruiniert, denn das Garn ist aus!«

Die kleinen Mäuse kamen wieder hervor und hörten dem Schneider zu. Dabei achteten sie darauf, was er über das Schnittmuster dieses herrlichen Mantels sagte. Sie flüsterten sich etwas zu, über das Taftfutter und über kleine Mäuseschärpen. Und dann liefen sie auf einmal alle fort, den Gang hinter der Vertäfelung entlang. Sie piepsten und riefen einander zu, während sie von Haus zu Haus eilten. Und als Simpkin mit der Kanne Milch zurückkehrte, war keine einzige Maus mehr in der Küche des Schneiders!

Simpkin öffnete die Tür und polterte herein. Er machte mürrisch »G-r-r-miau« wie eine zornige Katze, denn er konnte Schnee nicht ausstehen, und er hatte Schnee in seinen Ohren und Schnee hinten am Hals im Kragen. Er legte das Brot und die Wurst auf die Kommode und schnupperte.

»Simpkin«, sagte der Schneider, »wo ist mein Garn?«

Doch Simpkin stellte die Kanne Milch auf die Kommode und blickte argwöhnisch auf die Teetassen. Er wollte seine Mahlzeit aus kleinen, fetten Mäusen!

»Simpkin«, sagte der Schneider, »wo ist mein GARN?«

Doch Simpkin steckte heimlich ein kleines Päckchen in die Teekanne und fauchte und knurrte den Schneider an. Und wenn Simpkin hätte sprechen können, hätte er gefragt: »Wo sind meine MÄUSE?«

»Wehe mir, ich bin ruiniert!«, sagte der Schneider von Gloucester und ging traurig zu Bett.

Die ganze Nacht lang durchsuchte Simpkin die Küche. Er spähte in die Schränke, hinter die Vertäfelung und in die Teekanne, wo er das Garn versteckt hatte, aber noch immer bekam er keine einzige Maus zu fassen.

Wenn der Schneider etwas im Schlaf murmelte oder rief, sagte Simpkin jedes Mal: »Miau-gr-r-w-s-sch!«, und machte seltsam schreckliche Geräusche, wie es bei Katzen des Nachts so üblich ist. Der arme alte Schneider hatte nämlich sehr starkes Fieber. Er wälzte sich in seinem Himmelbett hin und her und murmelte im Traum: »Garn ist aus! Garn ist aus!«

Am nächsten Tag war er krank, am übernächsten auch und ebenso an dem danach. Und was sollte aus dem kirschfarbenen Mantel werden? In der Werkstatt des Schneiders lagen die bestickte Seide und der Satinstoff zurechtgeschnitten – und mit einundzwanzig Knopflöchern – auf dem Tisch, aber wer sollte kommen, um alles zusammenzunähen, wenn das Fenster verriegelt und die Tür fest verschlossen war?

Doch die kleinen braunen Mäuse konnte das nicht aufhalten. Sie gingen ohne Schlüssel in sämtlichen alten Häusern von Gloucester ein und aus! Wer zum Markt wollte, trat aus der Tür und trottete durch den Schnee, um Gänse und Truthähne zu kaufen und was man für Weihnachtsgebäck so brauchte. Nur für Simpkin und den armen alten Schneider von Gloucester würde es keinen Weihnachtsschmaus geben.

Drei Tage und Nächte lang lag der Schneider krank im Bett, dann war es Heiligabend und schon spät in der Nacht. Der Mond stieg über den Dächern und Schornsteinen empor und blickte hinab auf das Wohnviertel des Schneiders. Kein Fenster war erleuchtet und in den Häusern nichts zu hören. Die ganze Stadt Gloucester schlief fest unter dem Schnee.

Und Simpkin wollte immer noch seine Mäuse. Er stellte sich an das Himmelbett und maunzte. Doch in den alten Geschichten ist es so, dass in der Heiligen Nacht und bis zum Morgen des ersten Weihnachtstages alle Tiere sprechen können (wenngleich nur sehr wenige Menschen sie hören oder verstehen, was sie sagen).

Als die Kirchenglocke Mitternacht schlug, hob ein Antworten an – wie ein Echo auf das Glockenläuten –, und Simpkin hörte es. Er trat aus der Tür des Schneiders und streifte durch den Schnee. Von allen Dächern und Giebeln und alten Fachwerkhäusern in Gloucester erschollen tausend fröhliche Stimmen und sangen die alten Weihnachtsverse – all die alten, vertrauten Lieder und auch einige mir unbekannte. Als Erste und Lauteste riefen die Hähne: »Frau, steh auf und backe Kuchen!«

»Herrlich, ach, wie herrlich!«, seufzte Simpkin.

Und in einer Dachkammer waren jetzt Licht und Geräusche von Tanz zu erkennen, und Katzen erschienen von überallher.

»Hey, didel didel didel, die Katzen und die Fiedel! Alle Katzen von Gloucester – nur ich nicht«, sagte Simpkin.

Unter den hölzernen Dachvorsprüngen sangen die

Stare und Spatzen von Weihnachtsgebäck, die Dohlen im Kirchturm erwachten, und obwohl es mitten in der Nacht war, sangen die Drosseln und Rotkehlchen. Die Luft war erfüllt von gezwitscherten Liedchen.

Doch den armen, hungrigen Simpkin machte das alles eher unruhig. Vor allem gewisse schrille Töne hinter einem Holzgitter regten ihn auf. Ich schätze, es waren Fledermäuse, denn sie haben immer sehr dünne Stimmchen – besonders bei strengem Frost, wenn sie im Schlaf reden wie der Schneider von Gloucester. Sie sagten etwas Rätselhaftes, das so klang wie:

>>*Bsss, die Fliege sprach,*
    summ, die Biene sprach,
Bsss und summ sie riefen,
    wir rufen's ihnen nach.<<

Und Simpkin ging fort und wackelte mit den Ohren, als ob ihm eine Biene hineingeflogen wäre. Aus der Werkstatt des Schneiders drang ein Lichtschein, und als Simpkin emporstieg, um durch das Fenster zu schauen, war sie voller Kerzen. Die Scheren klickten und die Fäden schnickten, und feine Mäusestimmen sangen laut und fröhlich:

>>*Vierundzwanzig Schneiderleute*
Machten Jagd auf eine Schnecke.
Wollten sie am Schwanz erwischen
Und sie bringen so zur Strecke.

Doch das Tier hob seine Hörner
Wie ein kleines Hochlandrind.
Schneider, dass sie euch nicht fasse,
Rennt bloß fort geschwind!«

Dann sangen die feinen Mäusestimmen ohne Pause
weiter:

»Mahle mir den Hafer,
Getreide aller Arten,
Tu's in eine Schale,
Eine Stunde warten –«

»Miau! Miau!«, ging ihnen Simpkin dazwischen und
kratzte an der Tür. Doch der Schlüssel lag unter dem
Kopfkissen des Schneiders, deshalb kam er nicht hinein.
Die kleinen Mäuse lachten nur und stimmten ein neues
Lied an:

»Drei Mäuse, süße, kleine,
die machten sich ans Spinnen,
Die Mieze kam des Weges
und sah sie sitzen drinnen.
Was macht ihr Schönes da,
ihr schöpferischen Geister?
Näh'n Mäntel hübsch und fein
für unsern Herrn und Meister.
Darf ich beim Fädensetzen
euch drei wohl unterweisen?

Oh nein, Frau Mieze, nein,
   Sie woll'n uns nur verspeisen!«

»Miau! Miau!«, rief Simpkin.

   »Hey, diddeldi tippeti«, antworteten die kleinen Mäuse –

   »Hey, diddeldi tippeti tapsiges Tier!
   Die Händler von London, die sind eine Zier.
   Seide am Kragen, Satin bis zum Kinn,
   So schreiten die Händler ganz heiter dahin.«

Sie klickten im Takt ihre Fingerhüte aneinander, doch Simpkin mochte keines ihrer Lieder. Schnüffelnd und maunzend stand er vor der Tür zur Werkstatt.

   »Ich deckte mich ein
   Mit Braten und Broten,
   Ganz trunken vom Trinken.
   Die Rechnung war klein.

Und dann rauf auf die Küchenkommode!«, fügte die freche kleine Maus hinzu.

   »Miau! Kratz, kratz!«, beklagte sich Simpkin auf dem Fensterbrett. Die kleinen Mäuse drinnen sprangen nun auf und begannen mit feinen, piepsenden Stimmen gleichzeitig zu rufen:

   Garn ist aus! Garn ist aus!«

   Und sie klappten die Fensterläden zu und schlossen

Simpkin aus. Doch durch die Ritzen der Fensterläden konnte er noch das Klicken von Fingerhüten und feine Mäusestimmen singen hören:

»Garn ist aus! Garn ist aus!«

Simpkin verließ die Werkstatt und ging nachdenklich heim. Er sah, dass der arme alte Schneider kein Fieber mehr hatte und friedlich schlief. Dann ging Simpkin auf Zehenspitzen, holte das kleine Päckchen Seide aus der Teekanne und betrachtete es im Mondschein. Und er schämte sich ziemlich darüber, wie schlecht er war im Vergleich zu diesen guten kleinen Mäusen!

Als der Schneider am Morgen erwachte, war das Erste, was er auf seiner Flickendecke liegen sah, ein Strang kirschfarbenes Seidengarn, und neben seinem Bett stand der reumütige Simpkin.

»Wehe mir, ich bin völlig abgebrannt«, sagte der Schneider von Gloucester, »aber mein Garn ist da!«

Die Sonne schien auf den Schnee, als der Schneider aufstand und sich anzog und auf die Straße trat, während Simpkin vor ihm herlief. Die Stare pfiffen von den Schornsteinen, und die Drosseln und Rotkehlchen sangen – doch sie sangen ihre eigenen kleinen Melodien und keine Verse mehr wie in der Nacht.

»Wehe«, sagte der Schneider, »da habe ich nun mein Garn, aber weder Kraft noch Zeit, um auch nur ein einziges Knopfloch fertigzukriegen, denn jetzt ist der Morgen des ersten Weihnachtstages! Der Bürgermeister von Gloucester wird am Mittag heiraten – und wo ist sein kirschfarbener Mantel?«

Er schloss die Tür zu seiner kleinen Werkstatt auf, und Simpkin sauste hinein wie eine Katze, die dort etwas zu erwarten hat. Aber niemand war da! Nicht eine einzige kleine braune Maus! Die Holzdielen waren gefegt und sauber, die Garnfädchen und kleinen Seidenreste waren alle weggeräumt, vom Boden verschwunden. Doch auf dem Tisch – und der Schneider stieß einen Freudenschrei aus –, dort, wo er die zugeschnittenen Seidenteile zurückgelassen hatte, lagen ein Mantel und eine bestickte Satinweste, so wunderherrlich schön, wie sie noch nie ein Bürgermeister von Gloucester getragen hatte! Da waren Rosen und Stiefmütterchen auf dem Mantelkragen, und die Weste war mit Mohn- und Kornblumen versehen. Alles war fertiggestellt bis auf ein einziges kirschfarbenes Knopfloch, und wo dieses Knopfloch fehlte, war ein Stückchen Papier fest gesteckt mit folgenden Worten, geschrieben in klitzekleiner Schrift:

GARN IST AUS

Von da an lebte der Schneider von Gloucester im Glück. Er wurde kräftig, und er wurde reich. Er nähte die herrlichsten Westen für all die reichen Kaufleute von Gloucester und für die feine Gesellschaft rundum im ganzen Land. Noch nie hatte man derlei Rüschen, bestickte Manschetten und Brustlatze gesehen! Doch das Allergrößte waren seine Knopflöcher. Die Stiche rund um diese Knopflöcher waren so akkurat – also, derart akkurat –, dass ich mich frage, wie ein alter Mann mit Brille sie zu setzen verstand, mit krummen Fingern und einem Fingerhut drauf. Die Stiche rund um diese Knopflöcher waren so fein – also, derart fein –, dass sie aussahen wie von kleinen Mäusen gemacht!

6.
Dezember

Aus dem Leben des heiligen Nikolaus

Jacobus De Voragine

Nikolaus war Bürger der Stadt Patara in Kleinasien und entstammte reichen und frommen Eltern. Sein Vater hieß Epiphanes, seine Mutter Johanna. Als seine Eltern ihn in der Blüte ihrer frühen Jugend gezeugt hatten, führten sie darauf ein keusches und jungfräuliches Leben. Der kleine Nikolaus aber stand schon, als er das erste Mal gebadet wurde, aufrecht in der Wanne. Auch sog er am vierten und sechsten Wochentag nur einmal an der Mutterbrust, denn das waren Fastentage. Als er aber ein junger Mann geworden war, da mied er die ausgelassenen Spiele seiner Altersgenossen, er ging lieber in Kirchen, und getreulich hielt er alles in seinem Gedächtnis fest, was er aus der Heiligen Schrift erfahren konnte. Und als seine Eltern gestorben waren, begann er, darüber nachzudenken, wie er eine so große Menge an Reichtum, die sie ihm hinterlassen hatten, verwenden könne, nicht um bei den Menschen, sondern um bei Gott Ruhm und Ehre zu erlangen.

Zur damaligen Zeit sah sich ein adliger Nachbar von ihm gezwungen, aus Geldnot seine drei jungen Töchter Liebesdienste ausführen zu lassen, um sich ernähren zu können. Sobald der Heilige das erfuhr, war er über diesen Frevel empört und warf heimlich des Nachts einen Klumpen Gold, den er in ein Tuch gewickelt hatte, durch ein Fenster ins Haus und verschwand dann ebenso heimlich.

Als der Nachbar morgens aufstand, fand er den Klumpen Gold, dankte Gott und richtete seiner erstgeborenen Tochter die Hochzeit. Nicht viel später vollbrachte Nikolaus, der Diener Gottes, eine ähnliche Tat. Der Nachbar fand wieder Gold, brach in überschwängliches Lob aus, doch nahm er sich vor, künftig wach zu bleiben, denn er wollte wissen, welcher Wohltäter seine Not gelindert hatte. Einige Tage später warf Nikolaus einen doppelt so großen Klumpen Gold ins Haus. Durch dieses Geräusch aber wurde der Nachbar wach, er lief dem fliehenden Nikolaus nach und rief: »Bleibe stehen und zeige dich mir!«, und als er näherkam, da erkannte er, dass es Nikolaus war. Er warf sich sogleich vor ihm nieder und wollte die Füße des Heiligen küssen; der aber wehrte ab und verlangte von seinem Nachbarn, er solle niemandem etwas von dieser Wohltat verraten, solange er lebe.

Bald darauf wurde Nikolaus zum Bischof von Myra in Kleinasien gewählt und lebte fromm und in Demut.

Als nun eines Tages Seeleute auf dem Meer in Not waren, da beteten sie unter Tränen: »Nikolaus, Diener Gottes, wenn es wahr ist, was wir über dich hören, so wollen wir es nun in Erfahrung bringen.«

Und sogleich erschien ihnen jemand, der so wie Nikolaus aussah, und sprach: »Seht, hier bin ich, denn ihr habt mich gerufen.« Und er begann, ihnen an den Rahen, Tauen und dem anderen Takelwerk des Schiffes zu helfen, und sogleich ließ der Sturm nach. Als die Seeleute dann zu der Kirche des Heiligen gekommen waren, erkannten sie diesen, ohne ihn je vorher wirklich gesehen zu haben. Da dankten sie Gott und ihm. Der Heilige aber sagte ihnen, sie sollten ihre Rettung dem Erbarmen Gottes und ihrem Glauben zuschreiben, er selbst, Nikolaus, habe daran keinen Anteil.

Einmal auch suchte eine große Hungersnot die Provinz des heiligen Nikolaus heim, sodass es allen an Nahrung mangelte. Als aber der Mann Gottes hörte, dass mit Weizen beladene Schiffe im Hafen angelegt hätten, eilte er flugs dorthin und bat die Seeleute, den hungrigen Menschen zu helfen und ihnen doch wenigstens hundert Scheffel von jedem der Schiffe zu überlassen. Da antworteten jene: »Das wagen wir nicht, Vater, denn in Alexandria wurde alles genau aufgewogen, und wir müssen die ganze Ladung in den Lagerscheunen des Kaisers abliefern.« Darauf entgegnete ihnen der Heilige: »Macht, wie ich es euch sage, und ich verspreche euch bei der Macht Gottes, dass euch bei den kaiserlichen Verwaltern nichts von der Ladung fehlen wird.« Das taten denn auch die Seeleute, und als sie den kaiserlichen Verwaltern die Ladung abgeliefert hatten, da war es genau die Menge, die sie in Alexandria geladen hatten. Da erzählten sie von dem Wunder, und in den höchsten Tönen lobten sie Gott in seinem Diener. Der Mann Gottes aber verteilte das Getreide jedem nach seiner Bedürftigkeit, sodass es auf wunderbare Weise für zwei Jahre nicht nur zur Nahrung ausreichte, sondern auch noch reichlich als Saat übrig blieb.

Auch nach seinem Tode noch vollbrachte der heilige Nikolaus viele Wunder. So beging ein Mann aus Liebe zu seinem Sohn, der die Wissenschaften erlernte, jedes Jahr feierlich das Fest des heiligen Nikolaus. Nun hatte der Vater wieder einmal ein Mahl herrichten lassen und viele Geistliche eingeladen. Es kam aber auch der Teufel in Gestalt eines Pilgers an die Tür und erbat sich ein Almosen. Und der Vater hieß sogleich seinen Sohn, dem Pilger ein Almosen zu geben. Der Sohn eilte zur Tür, und da er den Pilger dort nicht mehr vorfand, lief er ihm hinterher. An einer Wegkreuzung aber ergriff der Teufel den Jungen und erwürgte ihn. Als der Vater dies hörte, brach er in lautes Wehklagen aus, holte den Leichnam und legte ihn ins Schlafgemach. Vor Schmerz begann er laut zu klagen: »Geliebter Sohn, wie steht es nun um dich! Ist das der Lohn für die Ehre, heiliger Nikolaus, die ich dir so lange erwiesen habe?« Und als er diese und noch weitere Wehklagen ausstieß, da öffnete der Knabe sogleich die Augen und stand auf, als hätte er nur geschlafen.

7.
Dezember

Pariser Weihnachten

Kurt Tucholsky

Der »Père Noël« wird merkwürdigerweise immer populärer – so ist das früher nicht gewesen. Denn früher war es der Neujahrstag, der »Jour de l'An«, an dem man sich Geschenke machte. Wohl fanden am ersten Weihnachtstag die französischen Kinder Geschenke in ihren Schuhen, die sie am Kamin aufgebaut hatten – aber der Tannenbaum war natürlich nicht da, die Weihnachtskerzen auch nicht, und überhaupt nichts von dem, was seinerzeit auf deutscher Seite den großen Krieg mit beenden half: Weihnachten zu Hause zu feiern. (Doktorarbeit: »Das deutsche Familiengefühl in der Weltgeschichte.«) Das also hat es alles in Frankreich früher nicht gegeben – aber jetzt ist da langsam eine Wandlung eingetreten. Die großen Warenhäuser veranstalten Weihnachtsausstellungen, deren Schaufenster schon auf den Straßen umlagert sind; Barrièren sind errichtet, Schutzleute regeln den Verkehr, und die Kinder bekommen Blitzaugen, in denen sich Geblendetheit, Habsucht und Zauberstimmung gar anmutig mischen. Es ist wohl der englischamerikanische Einfluss, der Paris so wandelt; langsam geht diese Wandlung vor sich, sachte, Schritt vor Schritt, unerbittlich. Es gibt französische Nachahmungen des englischen Christmas-Pudding, vor denen uns Gott behüten möge, und die Sitte, Weihnachten anders zu begehen als früher, nimmt zu. Da stehen schon

Tannenbäume auf den Straßen, hauptsächlich im Fremdenviertel, also um die Madeleine herum – das Warenhaus am Louvre hat sich eine sehr gute Lichtreklame ausgedacht: an seiner Fassade am Palais Royal, in dem das »Institut pour la Coopération Intellectuelle« wohnt, steigen ununterbrochen Raketen auf und zerplatzen in bunter Lichterfülle – eine Sache, die sehr viel Geld gekostet haben muss. Aber es kommt wieder herein. Die Warenhäuser sind voll; die mäßig bezahlten Angestellten haben zu tun, dass ihnen der Kopf schwirrt, und obgleich die Inflations-Fremden abgewandert sind, gehen diese Art Geschäfte – im Gegensatz zu fast allen anderen, die recht still sind – gut, sogar sehr gut.

Die Restaurants rüsten zum »Réveillon«. Das ist das traditionelle Festessen in der Silvesternacht. Zu Silvester liegen die Boulevards fast leer; alle Welt ist zu Hause oder in den Restaurants, wo das Essen besonders teuer und besonders mäßig ist. Da es kein französisches Wort für »gemütlich« gibt, so fehlt auch der Begriff – und es ist immer wieder merkwürdig, zu beobachten, wie sich um einen Tisch jene undefinierbare Atmosphäre herstellt, »où on s'installe«, jeder Tisch eine kleine Heimat. »Réveillon« ist eine Sache, die ganz Paris für ein paar Stunden verändert – am 1. Januar sinkt es wieder in seine Gewohnheiten zurück; in die bewegte Stille seiner Quartiers, die kleine abgeteilte Städte sind – alles wird wieder so, als wäre nichts gewesen.

Doch, etwas war. Im ganzen Monat Dezember klingelt ein Mann nach dem anderen an der Wohnungstür, Köpfe von Frauen tauchen auf, Leute, die man das ganze Jahr über nicht zu Gesicht bekommt, sind plötzlich da. Sie bitten um die »étrennes«, um das Weihnachtsgeld, um das Neujahrsgeld, wie man will. Der Briefträger. Die Zeitungsfrau. Die Bäckerjungen. Der Mann von der Müllabfuhr. Der Telegrafenbote. Der Drucksachen-Briefträger. Der eingeschriebene Briefträger. Der Postminister war merkwürdigerweise nicht da ... Wohl aber: Seine Majestät, der Herr Hausmeister. Der Concierge. Frankreich ist ein freies Land, sagen die Leute. Das mag, für viele Gebiete, richtig sein. Dass sich aber eine Stadt wie Paris Tyrannei dieser Hausmeister gefallen lässt, ist etwas, das ich – auch nach jahrelangem Aufenthalt in dieser schönen Stadt – niemals begriffen habe. Er bittet nicht um die »étrennes« – er verlangt sie, traulich, auf die unsichtbare Pistole gelehnt, die jeder Mieter kennt. Denn jeder Pariser Hausmeister ist ein Beobachter deines privaten Lebens. Er weiß alles. Durch ihn gehen alle Briefe. Er fängt deine Besuche ab. Er kann dich so maßlos schikanieren, dass es besser ist, du ziehst aus, als einen vergeblichen Krieg zu führen, den du unweigerlich verlierst. Und von seinen Beziehungen zur Polizei will ich gar nicht sprechen. Doch, ich will davon sprechen. Eine mir befreundete Engländerin fand in ihrem »dossier«, in ihrem Aktenstück, das über alle Fremden und über alle wichtigen Franzosen auf der Polizei geführt wird, diese kleine Eintragung: »Empfängt viele Leute von Welt, schläft aber nur mit einem dekorierten Herrn ...« folgte der Name. Für jeden Kenner war klar, woher diese

Angabe stammte. Vom Hausmeister. Aus Glas sind deine Wände, dein Privatleben ist keines, *er* bringt es an den Tag. Hüte dich! Und gib ihm – und vor allem ihr – reichlich zu Weihnachten, zu Silvester und zu Neujahr. Es ist dein Vorteil; man kann nie wissen; hörst du die Butter auf deinem Kopf schmelzen?

Um all das kümmert sich die französische Provinz so gar nicht – wie ja überhaupt die französische Provinz von Paris himmelweit verschieden ist. Einer der bedeutendsten französischen Literaturkritiker, Thibaudet, hat neulich einmal gesagt: »In Paris wird das Geld ausgegeben. In der Provinz wird es verdient.« Ah, es wird nicht nur verdient: es wird Billet auf Billet gelegt, Geiz ist das Nationallaster, und hier sehen die Leute nie nach dem aus, was sie wert sind. Man möchte ihnen häufig einen Groschen schenken. Aber sie, sie könnten dir etwas schenken. Sie tun es übrigens nicht.

Nun kommt Weihnachten; mit einer kühnen Sprachwendung sagt man: »Nous allons réveilloner!«, und wer klug ist, kocht sich seins zu Hause. Wir wollen einen mild-spritzigen Vouvray trinken, einen Wein, den sie nicht exportieren, und in dem ganz Frankreich ist: milde Süße, Sonne und die Ausgeglichenheit einer fröhlichen Welt.

Peter Panter
Prager Tageblatt, 25.12.1927, Nr. 305, S. 4

8.
Dezember

Da stand das Kind am Wege

Theodor Storm

Weihnachtsabend kam heran. – Es war noch nachmittags, als Reinhard mit anderen Studenten im Ratskeller am alten Eichentisch zusammensaß. Die Lampen an den Wänden waren angezündet, denn hier unten dämmerte es schon; aber die Gäste waren sparsam versammelt, die Kellner lehnten müßig an den Mauerpfeilern. In einem Winkel des Gewölbes saßen ein Geigenspieler und ein Zithermädchen mit seinen zigeunerhaften Zügen; sie hatten ihre Instrumente auf dem Schoß liegen und schienen teilnahmslos vor sich hinzusehen.

Am Studententisch knallte ein Champagnerpfropfen. »Trink, mein böhmisch Liebchen!«, rief ein junger Mann von junkerhaftem Äußern, indem er ein volles Glas zu dem Mädchen hinüberreichte.

»Ich mag nicht«, sagte sie, ohne ihre Stellung zu verändern.

»So sing!«, rief der Junker und warf ihr eine Silbermünze in den Schoß. Das Mädchen strich sich langsam mit den Fingern durch ihr schwarzes Haar, während der Geigenspieler ihr ins Ohr flüsterte; aber sie warf den Kopf zurück und stützte das Kinn auf ihre Zither. »Für den spiel ich nicht«, sagte sie.

Reinhard sprang mit dem Glas in der Hand auf und stellte sich vor sie. »Was willst du?«, fragte sie trotzig.

»Deine Augen sehen.«

»Was gehen dich meine Augen an?«

Reinhard sah funkelnd auf sie nieder. »Ich weiß wohl, sie sind falsch!« – Sie legte ihre Wange in die flache Hand und sah ihn lauernd an. Reinhard hob sein Glas an den Mund. »Auf deine schönen, sündhaften Augen!«, sagte er und trank.

Sie lachte und warf den Kopf herum. »Gib!«, sagte sie, und indem sie ihre schwarzen Augen in die seinen heftete, trank sie langsam den Rest. Dann griff sie einen Dreiklang und sang mit tiefer, leidenschaftlicher Stimme:

»Heute, nur heute
Bin ich so schön;
Morgen, ach morgen
Muss alles vergehn!
Nur diese Stunde
Bist du noch mein;
Sterben, ach sterben
Soll ich allein.«

Während der Geigenspieler in raschem Tempo das Nachspiel einsetzte, gesellte sich ein neuer Ankömmling zu der Gruppe.

»Ich wollte dich abholen, Reinhard«, sagte er. »Du warst schon fort; aber das Christkind war bei dir eingekehrt.«

»Das Christkind?«, sagte Reinhard, »das kommt nicht mehr zu mir.«

»Ei was! Dein ganzes Zimmer roch nach Tannenbaum und braunen Kuchen.«

Reinhard setzte das Glas aus der Hand und griff nach seiner Mütze.

»Was willst du?«, fragte das Mädchen.

»Ich komme schon wieder.«

Sie runzelte die Stirn. »Bleib!«, rief sie leise und sah ihn vertraulich an.

Reinhard zögerte. »Ich kann nicht«, sagte er.

Sie stieß ihn lachend mit der Fußspitze. »Geh!«, sagte sie. »Du taugst nichts; ihr taugt alle miteinander nichts.« Und während sie sich abwandte, stieg Reinhard langsam die Kellertreppe hinauf.

Draußen auf der Straße war es tiefe Dämmerung; er fühlte die frische Winterluft an seiner heißen Stirn. Hier und da fiel der helle Schein eines brennenden Tannenbaums aus den Fenstern, dann und wann hörte man von drinnen das Geräusch von kleinen Pfeifen und Blechtrompeten und dazwischen jubelnde Kinderstimmen. Scharen von Bettelkindern gingen von Haus zu Haus oder stiegen auf die Treppengeländer und suchten durch die Fenster einen Blick in die versagte Herrlichkeit zu gewinnen. Mitunter wurde auch eine Tür plötzlich aufgerissen, und scheltende Stimmen trieben einen ganzen Schwarm solcher kleinen Gäste aus dem hellen Haus auf die dunkle Gasse hinaus; anderswo wurde auf dem Hausflur ein altes Weihnachtslied gesungen; es waren klare Mädchenstimmen darunter. Reinhard hörte sie nicht, er ging rasch an allem vorüber, aus einer Straße in die andere. Als er an seine Wohnung gekommen, war es fast völlig dunkel geworden; er stolperte die Treppe hinauf und trat in seine Stube. Ein süßer Duft schlug ihm entgegen; das heimelte ihn an, das roch wie zu Hause der Mutter Weihnachtsstube. Mit zitternder Hand zündete er sein Licht an; da lag ein mächtiges Paket auf dem Tisch, und als er es öffnete, fielen die wohlbekannten braunen Festkuchen heraus; auf einigen waren die Anfangsbuchstaben seines Namens in Zucker ausgestreut; das konnte niemand anders als Elisabeth getan haben. Dann kam ein Päckchen mit feiner gestickter Wäsche zum Vorschein, Tücher und Manschetten, zuletzt Briefe von der Mutter und von Elisabeth. Reinhard öffnete zuerst den letzteren; Elisabeth schrieb:

»Die schönen Zuckerbuchstaben können Dir wohl erzählen, wer bei den Kuchen mitgeholfen hat; dieselbe Person hat die Manschetten für Dich gestickt. Bei uns wird es nun Weihnachtabend sehr still werden; meine Mutter stellt immer schon um halb zehn ihr Spinnrad in die Ecke; es ist gar so einsam diesen Winter, wo Du nicht hier bist. Nun ist auch vorigen Sonntag der Hänfling gestorben, den Du mir geschenkt hattest; ich habe sehr geweint, aber ich hab ihn doch immer gut gewartet. Der sang sonst immer nachmittags, wenn die Sonne auf sein Bauer schien; Du weißt, die Mutter hing oft ein Tuch über, um ihn zu geschweigen, wenn er so recht aus Kräften sang. Da ist es nun noch stiller in der Kammer, nur dass Dein alter Freund Erich uns jetzt mitunter besucht. Du sagtest einmal, er sähe seinem braunen Überrock ähnlich. Daran muss ich nun immer denken, wenn er zur Tür hereinkommt, und es ist gar zu komisch; sag es aber nicht zur Mutter, sie wird dann leicht verdrießlich. – Rat, was ich Deiner Mutter zu Weihnachten schenke! Du rätst es nicht? Mich selber! Der Erich zeichnet mich in schwarzer Kreide; ich habe ihm schon dreimal sitzen müssen, jedes Mal eine ganze Stunde. Es war mir recht zuwider, dass der fremde Mensch mein Gesicht so auswendig lernte. Ich wollte auch nicht, aber die Mutter redete mir zu; sie sagte, es würde der guten Frau Werner eine gar große Freude machen.

Aber Du hältst nicht Wort, Reinhard. Du hast keine Märchen geschickt. Ich habe Dich oft bei Deiner Mutter verklagt; sie sagt dann immer, Du habest jetzt mehr zu tun als solche Kindereien. Ich glaub es aber nicht; es ist wohl anders.«

Nun las Reinhard auch den Brief seiner Mutter, und als er beide Briefe gelesen und langsam wieder zusammengefaltet und weggelegt hatte, überfiel ihn unerbittliches Heimweh. Er ging eine Zeit lang in seinem Zimmer auf und nieder; er sprach leise und dann halb verständlich zu sich selbst:

»Er wäre fast verirret
Und wusste nicht hinaus;
Da stand das Kind am Wege
Und winkte ihm nach Haus!«

Dann trat er an sein Pult, nahm einiges Geld heraus und ging wieder auf die Straße hinab. – Hier war es mittlerweile stiller geworden; die Weihnachtsbäume waren ausgebrannt, die Umzüge der Kinder hatten aufgehört. Der Wind fegte durch die einsamen Straßen; Alte und Junge saßen in ihren Häusern familienweise zusammen; der zweite Abschnitt des Weihnachtsabends hatte begonnen. –

Als Reinhard in die Nähe des Ratskellers kam, hörte er aus der Tiefe herauf Geigenstrich und den Gesang des Zithermädchens; nun klingelte unten die Kellertür, und eine dunkle Gestalt schwankte die breite, matt erleuchtete Treppe herauf. Reinhard trat in den Häuserschatten und ging dann rasch vorüber. Nach einer Weile erreichte er den erleuchteten Laden eines Juweliers; und nachdem er hier ein kleines Kreuz von roten Korallen eingehandelt hatte, ging er auf demselben Weg, den er gekommen war, wieder zurück.

Nicht weit von seiner Wohnung bemerkte er ein kleines, in klägliche Lumpen gehülltes Mädchen an einer hohen Haustür stehen, in vergeblicher Bemühung, sie zu öffnen. »Soll ich dir helfen?«, sagte er. Das Kind erwiderte nichts, ließ aber die schwere Türklinke fahren. Reinhard hatte schon die Tür geöffnet. »Nein«, sagte er, »sie könnten dich hinausjagen; komm mit mir! Ich will dir Weihnachtskuchen geben.« Dann machte er die Tür wieder zu und fasste das kleine Mädchen an der Hand, das stillschweigend mit ihm in seine Wohnung ging.

Er hatte das Licht beim Weggehen brennen lassen. »Hier hast du Kuchen«, sagte er und gab ihr die Hälfte seines ganzen Schatzes in ihre Schürze, nur keine mit den Zuckerbuchstaben. »Nun geh nach Hause und gib deiner Mutter auch davon.« Das Kind sah mit einem scheuen Blick zu ihm hinauf; es schien solcher Freundlichkeit ungewohnt und nichts darauf erwidern zu können. Reinhard machte die Tür auf und leuchtete ihr, und nun flog die Kleine wie ein Vogel mit ihren Kuchen die Treppe hinab und zum Haus hinaus.

Reinhard schürte das Feuer in seinem Ofen an und stellte das bestaubte Tintenfass auf seinen Tisch; dann setzte er sich hin und schrieb, und schrieb die ganze Nacht Briefe an seine Mutter, an Elisabeth. Der Rest der Weihnachtskuchen lag unberührt neben ihm; aber die Manschetten von Elisabeth hatte er angeknüpft, was sich gar wunderlich zu seinem weißen Flauschrock ausnahm. So saß er noch, als die Wintersonne auf die gefrorenen Fensterscheiben fiel und ihm gegenüber im Spiegel ein blasses, ernstes Antlitz zeigte.

9.
Dezember

Der Weihnachtsabend

Guy de Maupassant

– Der Weihnachtsabend! Ach geht mir mit dem Weihnachtsabend. Ich feiere ihn nicht! – sagte der dicke Henri Templier in wütendem Ton, als ob man ihm eine Ehrlosigkeit zugemutet hätte.

Die übrigen riefen lachend:

– Warum wirst du denn so böse?

Er antwortete:

– Weil mir der Weihnachtsabend den widerlichsten Possen gespielt hat und ich einen unüberwindlichen Abscheu vor diesem blödsinnigen Abend bekommen habe mit seiner albernen Fröhlichkeit.

– Wieso denn?

– Wieso? Ihr wollte wissen? Na da hört mal an:

Ihr wisst noch wie's vor zwei Jahren um die Zeit kalt war, so 'ne Kälte, um arme Leute auf der Straße gleich tot hinzuschmeißen. Die Seine fror zu. Auf den Trottoirs kriegte man Eisbeine gleich durch die Sohlen durch. Die Welt schien nicht weit vom Krepieren zu sein.

Ich hatte damals gerade 'ne große Arbeit vor und lehnte alle Einladungen zum Weihnachtsabend ab, weil ich lieber die Nacht am Schreibtisch sitzen wollte. Ich aß allein. Dann fing ich an. Aber so gegen zehn hatt' ich keine Ruhe mehr. Ich dachte an all die Fröhlichkeit überall in Paris, dann tönte der Straßenlärm trotz alledem immer zu mir heraus und durch die Wand hörte ich die Vorbereitungen meiner Nachbarn zum Abendessen. Ich wusste nicht mehr, was ich eigentlich arbeitete. Ich schrieb Blech! Und ich sah ein, dass ich's nur ruhig aufstecken konnte, diese Nacht was Vernünftiges fertig zu kriegen.

Ich ging ein wenig im Zimmer spazieren, setzte mich, stand auf. Ich unterlag eben auch dem ansteckenden Einfluss der allgemeinen Fröhlichkeit und ergab mich darein, klingelte meinem Mädchen und sagte:

– Angele, holen Se mir 'n Abendessen zu zwei Personen: Austern, 'n kalten Rebhahn, Krebse, Schinken, Kuchen. Dann bringen Sie mir zwei Flaschen Sekt raus, decken Sie und gehen Sie schlafen.

Sie gehorchte, wenn auch etwas erstaunt. Als alles bereit war, zog ich den Überzieher an und ging aus.

Es galt eine wichtige Frage zu entscheiden: mit wem sollte ich soupieren? Meine Freundinnen waren schon eingeladen. Hätt' ich eine haben wollen, hätt' ich mich früher umtun müssen. Da dachte ich, du wirst zugleich eine gute Tat vollbringen, Paris wimmelt von armen, hübschen Mädeln, die nichts zu beißen haben und die nur einen »noblen Kavalier« suchen. Ich werde bei einer dieser Enterbten den Weihnachtsmann spielen. Ich werde rumbummeln, die Vergnügungsorte abgrasen, fragen, auf die Jagd gehen und suchen was mir passt.

Ich zog also los.

Ich traf ja 'n ganzen Haufen armer Mädel, die 'n Abenteuer suchten, aber entweder waren sie hässlich, dass 's einem gleich schlecht werden konnte, oder so dürr, dass sie sofort 'n Eiszappen geworden wären, wären sie stehen geblieben.

Ihr wisst, ich habe so 'ne kleine Schwäche für die Dicken. Je fetter desto besser. Eine »Riesendame« macht mich rein verrückt.

Da entdeckte ich plötzlich gerade gegenüber vom Theater des Variétés ein Profil, das mir gefiel. Ein Kopf, dann vorn zwei Erhöhungen, die Brust – sehr schön, die drunter – erstaunlich: ein Leib wie 'ne fette Gans. Mich überlief's und ich sagte mir: Gottes Donnerwetter ist das 'n hübsches Mädel! Eins musste noch aufgeklärt werden: das Gesicht.

Das Gesicht ist das Dessert. Das übrige ist … ist der Braten.

Ich ging schneller, holte das herumbummelnde Frauenzimmer ein und drehte mich unter einer Gaslaterne schnell um.

Sie war entzückend, ganz jung, bräunlich mit großen, schwarzen Augen.

Ich lud sie ein, sie nahm ohne Zögern an.

Eine Viertelstunde darauf waren wir in meiner Wohnung.

Beim Eintreten sagte sie:

– Ah, hier ist man gut aufgehoben!

Und sie blickte um sich mit sichtlicher Befriedigung, bei dieser eisigen Nacht Tisch und Bett gefunden zu haben. Sie war herrlich, zum Staunen hübsch und dick, dass mir das Herz im Leibe lachte.

Sie legte Hut und Mantel ab, setzte sich und fing an zu

essen. Aber sie schien nicht aufgelegt zu sein und manchmal zuckte es über ihr ein wenig bleiches Gesicht, als ob sie einen geheimen Kummer hätte.

Ich fragte sie:

– Du hast wohl irgend 'ne Unannehmlichkeit!

Sie antwortete:

– Bah, ich mag nicht dran denken!

Und sie begann zu trinken. Auf einen Zug leerte sie ihr Glas Sekt, füllte es und leerte es wieder ohne Unterlass.

Bald färbten sich ein wenig ihre Wangen und sie begann zu lachen.

Ich war schon ganz verliebt und schmatzte sie ab, indem ich die Entdeckung machte, dass sie weder dumm, noch gemein, noch ungebildet war, wie die Mädchen von der Straße. Ich wollte Einzelheiten über ihr Leben wissen. Sie antwortete:

– Kleiner, das geht dich nichts an!

Ach! Eine Stunde später …

Endlich nahte der Augenblick des Schlafengehens. Während ich den Tisch fortrückte, der vor dem Feuer stand, zog sie sich schnell aus und schlüpfte unter die Decke.

Meine Nachbarn vollführten einen grässlichen Spektakel, lachten und sangen wie die Irrsinnigen. Und ich sagte mir: »Ich habe doch riesig recht gehabt mir das schöne Mädel zu holen, von Arbeiten wäre doch keine Rede gewesen!«

Ein tiefes Stöhnen klang, sodass ich mich umdrehte und fragte:

– Was fehlt dir denn mein Kätzchen?

Sie antwortete nicht, aber stieß weiter schmerzliche Seufzer aus, als ob sie fürchterlich zu leiden hätte.

Ich fragte:

– Fühlst du dich nicht wohl?

Da schrie sie plötzlich, schrie herzzerreißend. Ich eilte mit einem Licht herbei.

Ihr Gesicht war von Schmerzen entstellt, sie rang keuchend die Hände, während aus ihrer Brust ein dumpfes Wimmern klang, wie Röcheln, dass einem das Herz bebte.

Ich fragte erschrocken:

– Aber was hast du denn? So sage mir doch was du hast!

Sie antwortete nicht und fing an zu heulen.

Plötzlich schwiegen die Nachbarn, um zu horchen, was bei uns los sei.

Ich wiederholte:

– Wo hast du denn Schmerzen? So sage mir doch wo!

Sie stammelte:

– Ach mein Leib, mein Leib …

Mit einem Ruck hob ich die Decke auf, und entdeckte …

Sie kam nieder, liebe Freunde!

Da verlor ich den Kopf. Ich lief zur Wand, und trommelte daran mit den Fäusten, was ich nur konnte, indem ich rief:

– Hilfe! Hilfe!

Die Tür ging auf, eine Menge Menschen kamen herein,

Herren im Frack, dekolletierte Damen, Pierrots, Türken, Musketiere. Dieser Einbruch verstörte mich derartig, dass ich nicht einmal imstande war zu erklären, was los sei.

Sie hatten irgendein Unglück vermutet, vielleicht ein Verbrechen, und begriffen nun nichts.

Ich sagte endlich:

– Hier ... Hier ... diese Frau ... komm. nieder ...

Da ward sie von allen betrachtet und alle gaben ihr Urteil ab. Ein Kapuziner vor allem behauptete, Sachverständiger zu sein, und wollte der Natur zuvorkommen.

Sie waren betrunken wie die Stiere. Ich dachte sie würden sie tot machen und stürzte ohne Hut die Treppe hinunter, um einen alten Arzt zu holen, der in einer Nachbarstraße wohnte.

Als ich mit dem Doktor wiederkam, war das ganze Haus auf den Beinen. Auf der Treppe hatte man das Gas wieder angesteckt, die Bewohner aller Stockwerke füllten meine Wohnung. Vier Quaiarbeiter machten meinem Sekt und meinen Krebsen ein Ende.

Als man mich zu Gesicht bekam, kreischte alles laut aus und eine Milchfrau hielt mir in einem Handtuch ein fürchterliches, runzliges, faltiges, wimmerndes Stück Fleisch, das Töne von sich gab wie eine Katze, mit den Worten entgegen:

– Es ist ein Mädchen.

Der Arzt untersuchte die Wöchnerin, erklärte ihren Zustand für bedenklich, weil das Unglück gleich nach einem Souper stattgefunden, und ging, indem er mir mitteilte, er werde sofort eine Krankenwärterin und eine Amme schicken.

Eine Stunde darauf kamen die beiden Frauen mit einem Packet Arzenei.

Ich brachte die Nacht in einem Lehnstuhle zu, viel zu erschrocken, als dass ich an die Folgen gedacht hätte.

Zeitig am andern Morgen kam der Arzt. Er fand den Zustand der Kranken ziemlich schlecht, und sagte mir:

– Ihre Frau, Herr ...

Ich antwortete ihm:

– Sie ist nicht meine Frau.

Er fuhr fort:

– Also Ihr Verhältnis, das ist mir gleich.

Und er zählte auf, was sie an Pflege, Arzenei und Diät brauche.

Was sollte ich tun? Das unselige Ding ins Krankenhaus schicken? Man hätte mich im ganzen Hause, im ganzen Viertel für einen Unmensch gehalten.

Ich behielt sie bei mir. Sie blieb sechs Wochen in meinem Bett liegen.

Das Kind gab ich in Pflege zu Bauern nach Poissy. Es kostet mich heute noch fünfzig Franks monatlich. Da ich nun mal zu Anfang bezahlt hatte, so bin ich jetzt genötigt bis an mein seliges Ende weiter zu blechen.

Und später wird es mich für seinen Vater halten.

Aber um das Pech voll zu machen, denkt euch, als das Mädchen wieder hergestellt ist, liebt es mich ... liebt mich rasend, das Unglückswurm!

– Na und?

– Na und, sie war dürr geworden wie 'ne Katze auf 'm Dach, und ich hab' se rausgeschmissen das Gerippe, das mir auf der Straße auflauert, sich versteckt um mich vorbeikommen zu sehen, mich abends anhält, wenn ich ausgehe, um mir die Hand zu küssen, genug sich anschmiert zum toll werden.

Da habt Ihrs, weshalb ich keinen Weihnachtsabend mehr feiern mag!

10.
Dezember

Fern im Osten wird es helle

Novalis

Fern in Osten wird es helle,
Graue Zeiten werden jung;
Aus der lichten Farbenquelle
Einen langen tiefen Trunk!
Alter Sehnsucht heilige Gewährung,
Süße Lieb' in göttlicher Verklärung.

Endlich kommt zur Erde nieder
Aller Himmel sel'ges Kind,
Schaffend im Gesang weht wieder
Um die Erde Lebenswind,
Weht zu neuen ewig lichten Flammen
Längst verstiebte Funken hier zusammen.

Überall entspringt aus Grüften
Neues Leben, neues Blut,
Ew'gen Frieden uns zu stiften,
Taucht er in die Lebensflut;
Steht mit vollen Händen in der Mitte
Liebevoll gewärtig jeder Bitte.

Lasse seine milden Blicke
Tief in deine Seele gehn,
Und von seinem ewgen Glücke
Sollst du dich ergriffen sehn.

Alle Herzen, Geister und die Sinnen
Werden einen neuen Tanz beginnen.

Greife dreist nach seinen Händen,
Präge dir sein Antlitz ein,
Musst dich immer nach ihm wenden,
Blüte nach dem Sonnenschein;
Wirst du nur das ganze Herz ihm zeigen,
Bleibt er wie ein treues Weib dir eigen.

Unser ist sie nun geworden,
Gottheit, die uns oft erschreckt,
Hat im Süden und im Norden
Himmelskeime rasch geweckt,
Und so lasst im vollen Gottesgarten
Treu uns jede Knosp' und Blüte warten.

11.
Dezember

Das Geschenk der Weisen

O. Henry

Ein Dollar siebenundachtzig. Das war's. Davon sechzig einzelne Cents – erspart und errettet durch unnachgiebiges Feilschen mit dem Metzger, dem Gemüsehändler und dem Krämer, bis Della vor jedermanns stillen, doch spürbaren Missbilligung solcher Knauserei die Wangen brannten. Dreimal zählte sie nach. Ein Dollar siebenundachtzig. Und morgen war Weihnachten.

Was konnte man da schon anfangen, als sich auf das abgewetzte kleine Sofa zu werfen und loszuheulen? Also tat Della genau das. Woraus wir übrigens auch den philosophischen Schluss ziehen können, dass das Leben aus Schluchzen, Schniefen und Schmunzeln besteht, wobei Schniefen dominiert.

Während die Dame des Hauses nun also vom Ersten zum Zweiten übergeht, können wir uns umschauen. Eine möblierte Wohnung, für 8 Dollar pro Woche, die zwar nicht jeder Beschreibung spottete, sich aber zumindest ins Fäustchen lachte bei jedem Versuch, ihr erzählerisch gerecht zu werden.

In der Eingangshalle unten fand sich ein Briefkasten, in den kein Brief passen wollte, und ein elektrischer Klingelknopf, dem kein sterblicher Finger jemals einen Ton entlocken konnte. Zu diesem Knopf gehörte auch ein Schild, und auf dem Schild prangte der Name »Mr James Dillingham Young«.

»Dillingham« hatte sich in früheren, gedeihlicheren Zeiten übermütig dazugesellt, als Mr Young noch 30 Dollar pro Woche verdiente. Nun war das Einkommen auf 20 Dollar geschrumpft, und der zweite Vorname wirkte verschämt und verschwommen, als ob er ernstlich erwöge, sich zu einem bescheidenen »D.« zusammenzuziehen. Zu Hause wurde Mr James Dillingham Young ohnehin einfach nur Jim genannt, und zwar von Mrs James Dillingham Young, die Sie bereits als Della kennen, und die ihrem Mann jeden Tag freudig um den Hals fiel, wenn er in die Wohnung kam. Und das ist auch alles gut so.

Della hatte inzwischen zu Ende geweint und frischte sich mit der Puderquaste die Wangen auf. Dann ging sie zum Fenster und blickte trübe auf eine graue Katze, die in dem grauen Hof über einen grauen Zaun spazierte. Morgen war Weihnachten, und sie hatte nur 1,87 $, um Jim ein Geschenk zu kaufen. Monat für Monat hatte sie jeden Cent gespart, und dies war das Ergebnis. Mit zwanzig Dollar die Woche ist eben nicht viel zu machen. Die Ausgaben waren größer als gedacht. Das sind sie ja immer. Nur 1,87 $, um Jim etwas zu schenken. Ihrem Jim. So viele glückliche Stunden hatte sie damit zugebracht, etwas besonders Schönes für ihn zu erträumen! Etwas Feines und Rares und Edles – etwas, was seiner zumindest beinahe würdig wäre.

Zwischen den Fenstern hing ein Pfeilerspiegel. Vielleicht haben Sie mal einen Pfeilerspiegel in einer 8-Dollar-Wohnung gesehen. Eine sehr schmale und sehr wendige Person kann darin ein relativ stimmiges Bild ihres Äußeren erhaschen, wenn sie die aufeinanderfolgenden vertikalen Ausschnitte rasch genug betrachtet. Die schlanke Della hatte diese Kunst gemeistert.

Auf einmal wirbelte sie vom Fenster weg und stellte sich vor den Spiegel. Ihre Augen leuchteten, aus ihrem Gesicht aber war alle Farbe gewichen. Rasch löste sie ihr Haar und ließ es zu seiner vollen Länge herabwallen.

Nun hatten die James Dillingham Youngs zwei Besitztümer, auf die sie mächtig stolz waren. Das eine war Jims goldene Taschenuhr, die seinem Vater und davor seinem Großvater gehört hatte. Das andere war Dellas Haar. Lebte die Königin von Saba im Haus gegenüber, müsste Della nur einmal ihr frischgewaschenes Haar am Fenster trocknen lassen, um alle Juwelen und Kostbarkeiten Ihrer Majestät in den Schatten zu stellen. Wäre König Salomo der Hausmeister und der Keller voll seiner Schätze, würde er sich jedes Mal vor Neid den Bart raufen, wenn Jim im Vorbeigehen wie zufällig seine Uhr aus der Westentasche zog.

Nun öffnete Della also ihr schönes Haar, und es fiel in glänzenden Kaskaden flüssiger Bronze. Fast wie ein Gewand umhüllte es sie bis zu den Kniekehlen. Nach einem Blick in den Spiegel steckte sie es nervös und hastig wieder hoch. Kurz zauderte sie; eine Minute lang stand sie da, und auf den fadenscheinigen roten Teppich fiel die eine oder andere Träne.

Dann aber an mit dem alten braunen Mantel, auf mit dem alten braunen Hut. Dellas Rock wirbelte hoch, als sie aus der Wohnung und die Treppe hinunter eilte, die Augen immer noch feucht.

Ihr Ziel war ein Haus mit dem Aushang »Madame Sofronie. Haarwaren aller Art«. Della flog in den ersten Stock und blieb keuchend vor der Tür stehen. Madame, wuchtig, bleich und kühl, sah kaum nach einer Sofronie aus.

»Würden Sie mein Haar kaufen?«, fragte Della.

»Kann schon sein«, sagte Madame. »Ziehn Sie mal Ihren Hut aus, und dann schaun wir.«

Wieder fiel die bronzene Kaskade.

Madame wog die Haarpracht mit geübter Hand und verkündete: »Zwanzig Dollar.«

»Her damit!«, sagte Della.

Die nächsten zwei Stunden vergingen wie im Flug. Nein, streichen Sie die abgedroschene Metapher. Della durchwühlte die Läden nach einem Geschenk für Jim.

Und schließlich fand sie es. Es war ganz offensichtlich für Jim gemacht und für niemanden sonst. In keinem der anderen Läden gab es so etwas, und sie hatte sie allesamt auf den Kopf gestellt. Es war eine Uhrkette aus Platin. Einfach gestaltet, konzentrierte sie ihren Wert im Wesentlichen; wie alle wirklich guten Dinge kam sie ganz ohne grelles Schmuckwerk aus. Ja, sie war tatsächlich *der Uhr* würdig. Sobald Della sie erblickte, wusste sie: Die Kette musste Jim gehören. Schlicht aber edel – so waren sie beide. Einundzwanzig Dollar kostete die Kette, und Della eilte mit den 78 Cents nach Hause. Nun würde Jim in jeder Gesellschaft in aller Ruhe die Uhrzeit studieren können. Bis jetzt stand es nämlich so, dass er manchmal heimlich auf seine prächtige Uhr schaute, denn statt an einer Kette hing sie an einem alten Lederband.

Zu Hause wich Dellas trunkene Freude der Umsicht und Vernunft. Sie nahm die Brennzange, zündete das Gas an und machte sich daran, die Verwüstung zu kaschieren, die Großmut und Liebe angerichtet hatten. Und das ist immer eine enorme Aufgabe, meine lieben Leserinnen und Leser. Eine Mammutaufgabe.

Vierzig Minuten später kräuselten sich um Dellas Kopf dichte Löckchen, sodass sie ganz bezaubernd nach einem Buben aussah, der gerade die Schule schwänzt. Sie blickte in den Spiegel – lange, aufmerksam und kritisch.

»Wenn Jim mich nicht gleich nach dem ersten Blick umbringt«, sprach sie zu sich, »sagt er bestimmt, ich sehe aus wie ein Coney-Island-Showgirl. Aber was hätte ich denn tun sollen? Was hätte ich mit einem Dollar siebenundachtzig tun sollen?«

Um sieben Uhr abends war der Kaffee fertig, und die Pfanne wärmte sich auf dem Herd, bereit, die Koteletts zu empfangen.

Jim kam nie zu spät nach Hause. Della legte die Uhrkette in der Hand zusammen und setzte sich auf die Tischkante nahe der Tür. Dann hörte sie seine Schritte unten auf der Treppe, und das Blut wich ihr für einen Augenblick aus dem Gesicht. Sie hatte die Gewohnheit, kleine Gebete über die alltäglichsten Dinge aufzusagen, und nun flüsterte sie: »Lieber Gott, mach bitte, dass er mich immer noch hübsch findet.«

Die Tür ging auf; Jim trat herein und schloss hinter

sich ab. Er sah sehr dünn aus, und sehr ernst. Der Arme war erst zweiundzwanzig – und trug schon die Bürde des verheirateten Mannes! Er könnte einen neuen Mantel gebrauchen, und Handschuhe hatte er gar keine.

Jim machte einen Schritt ins Zimmer und erstarrte wie ein Jagdhund, der eine Wachtel gerochen hat. Sein Blick war auf Della geheftet – und es erschreckte sie, dass sie seinen Ausdruck nicht lesen konnte. Es war nicht Ärger, nicht Überraschung, nicht Missfallen, nicht Schrecken, nicht irgendeins der Gefühle, auf die sie gefasst war. Er starrte sie einfach an, mit diesem seltsamen Ausdruck im Gesicht.

Della rutschte vom Tisch und stürzte zu ihm.

»Jim, Liebster«, rief sie, »jetzt schau mich doch nicht so an! Ich hab mein Haar eben abgeschnitten und verkauft; ich konnte dich ja Weihnachten nicht leer ausgehen lassen. Es wächst schon noch nach – du bist mir doch nicht böse, oder? Das musste einfach sein. Mein Haar wächst auch ganz furchtbar schnell! Jetzt sag doch mal ›frohe Weihnachten!‹, Jim, und lass uns glücklich sein. Du weißt ja noch gar nicht, was ich für ein schönes – ein richtig schönes Geschenk für dich habe!«

»Du hast dein Haar abgeschnitten?«, fragte Jim mit sichtlicher Anstrengung, als wäre diese sonnenklare Tatsache bei ihm trotz aller geistiger Bemühung noch nicht ganz angekommen.

»Abgeschnitten und verkauft«, sagte Della. »Aber du magst mich doch trotzdem, nicht wahr? Ich bin ja ich, auch ohne mein Haar, oder?«

Jim schaute sich um, als sähe er die Wohnung zum ersten Mal.

»Dein Haar ist also weg?«, wiederholte er nahezu idiotisch.

»Weg, fort, verschwunden, nicht mehr da. Ich sage doch: Ich hab's verkauft. Jetzt aber komm, es ist Weihnachten, Junge! Sei bitte lieb zu mir, ich hab's ja für dich getan.« Dann fuhr Della fort, auf einmal ernst und zärtlich: »Vielleicht könnte man die Haare auf meinem Kopf abzählen, aber meine Liebe zu dir kann niemand berechnen. Soll ich jetzt die Koteletts braten, Jim?«

Da erwachte Jim schließlich aus seiner Trance. Er schloss seine Della in die Arme. Schauen wir für ein paar Sekunden weg, betrachten wir irgendeinen belanglosen Gegenstand am anderen Ende des Zimmers. Acht Dollar pro Woche oder eine Million pro Jahr – was macht das schon für einen Unterschied? Ein Mathematiker hätte etwas dazu zu sagen, oder auch ein Aphoristiker; doch beide würden sich irren. Die drei Weisen hatten ihrerzeit wertvolle Gaben gebracht, doch eine brachten sie nicht. Diese dunkle Behauptung wird später noch erhellt.

Jim zog ein Päckchen aus seiner Manteltasche und ließ es auf den Tisch fallen.

»So meine ich das nicht, Dell!«, sagte er. »Es wurde noch kein Shampoo und kein Schnitt erfunden, die zwischen mich und mein Mädchen kommen könnten. Aber mach mal das Päckchen hier auf, dann siehst du schon, warum ich erst so benommen war.«

Finger zart und flink rissen an der Schnur und am

Papier. Dann ein ekstatischer Freudenschrei und dann – ah, dann kamen schon die ewig weiblichen Tränen und Klagen, die den Einsatz aller Trosttalente des Hausherrn erforderten.

Denn da lagen *die Kämme*: Die Garnitur von Schmuckkämmen – zwei für die Seiten, einer für den Hinterkopf –, die Della schon lange in einem Schaufenster auf dem Broadway bewundert hatte. Wunderschöne Kämme waren das, reines Schildpatt, mit Edelsteinen besetzt, und genau die richtige Farbe für das ebenso wunderschöne und nun verlorene Haar. Die Kämme waren teuer, das wusste Della, und ihr Herz hatte sich ohne jede Hoffnung danach verzehrt. Jetzt gehörten sie ihr. Die langen Locken und der ersehnte Schmuck hätten sich gegenseitig zieren sollen – nun waren die ersten nicht mehr da.

Doch schließlich presste sich Della die Kämme an die Brust, hob den Blick und lächelte durch die Tränen: »Mein Haar wächst so schnell nach, Jim!«

Und dann sprang sie auf wie ein erschrecktes Kätzchen und rief: »Oh, oh!«

Jim hatte ihr wunderbares Geschenk ja noch gar nicht gesehen! Voller Vorfreude streckte sie ihm die offene Hand mit der Kette entgegen. Das edle matte Metall schimmerte auf, als spiegelte es ihr leuchtendes, stürmisches Wesen.

»Ist sie nicht ein Gedicht, Jim? Ich habe die ganze Stadt abgesucht, bevor ich sie entdeckte. Jetzt musst du jeden Tag hundertmal nach der Zeit schauen! Komm, gib mir deine Uhr, ich will sehen, wie sie sich an der Kette macht.«

Doch statt zu gehorchen, ließ sich Jim aufs Sofa fallen, verschränkte die Hände hinter dem Kopf und lächelte.

»Dell«, sagte er, »lass uns unsere Weihnachtsgeschenke mal für eine Weile beiseitelegen. Sie sind für den Moment zu schön. Die Uhr habe ich verkauft, um dir die Kämme schenken zu können. Und jetzt – hast du nicht etwas von Koteletts gesagt?«

Die Heiligen Drei Könige, das ist weithin bekannt, waren weise Menschen, sehr weise sogar. Sie brachten dem Kinde in der Krippe ihre Gaben und erfanden damit das Weihnachtsgeschenk. In ihrer Weisheit schenkten sie sicherlich auch weise, wahrscheinlich mit Umtauschrecht, für den Fall, dass man schon Weihrauch und Myrrhe im Haus hatte. Und da erzähle ich ohne jede Kunst diese simple Geschichte von zwei närrischen Kindern in einer winzigen Wohnung, die füreinander äußerst unweise die größten Schätze opferten, die sie besaßen. Doch eines will ich den heutigen Weisen sagen: Unter allen Schenkenden waren diese zwei die Weisesten. Unter allen, die schenken und beschenkt werden, sind Menschen wie sie die weisesten. Sie sind die Weisen.

12.
Dezember

Ein Weihnachtsgast

Selma Lagerlöf

Einer von denen, die das Kavaliersleben auf Ekeby genossen hatten, war der kleine Rüster, der Noten transponieren und Flöte spielen konnte. Er war von niedriger Herkunft und arm, ohne Heim und ohne Familie. Als die Schar der Kavaliere sich zerstreute, brachen schwere Zeiten für ihn an.

Nun hatte er kein Pferd und keinen Wagen mehr, keinen Pelz und keine rotgestrichene Proviantkiste. Er musste zu Fuß von Gehöft zu Gehöft ziehen und trug seine Habseligkeiten in ein blaukariertes Taschentuch eingebunden. Den Rock knöpfte er bis zum Kinn hinauf zu, sodass niemand sehen konnte, wie es um das Hemd und die Weste bestellt war, und in dessen weiten Taschen verwahrte er seine kostbarsten Besitztümer: die auseinandergeschraubte Flöte, die flache Schnapsflasche und die Notenfeder.

Sein Beruf war, Noten abzuschreiben, und wenn alles gewesen wäre wie in alten Zeiten, so hätte es ihm nicht an Arbeit gefehlt. Aber mit jedem Jahre, das verging, wurde die Musik oben in Värmland weniger gepflegt. Einstweilen wurde er noch als alter Freund auf den Herrenhöfen aufgenommen, aber man jammerte, wenn er kam, und freute sich, wenn er ging. Er roch nach Branntwein, und sobald er ein paar Schnäpse oder einen Toddy bekommen hatte, wurde er wirr und erzählte unerquick-

liche Geschichten. Er war die Geißel der gastfreien Guts-
höfe.

Einmal kam er um die Weihnachtszeit nach Löfdala,
wo Liljecrona, der große Violinspieler, daheim war. Liljecrona war auch einer der Ekebykavaliere gewesen, aber
nach dem Tode der Majorin zog er auf sein prächtiges
Gut Löfdala und blieb dort. Nun kam Rüster in den
Tagen vor dem Weihnachtsabend zu ihm, störte die Fest-
vorbereitungen und verlangte Arbeit. Liljecrona gab ihm
einige Noten abzuschreiben, um ihn zu beschäftigen.

»Du hättest ihn lieber gleich fortschicken sollen«, sagte
seine Frau, »jetzt wird er das so in die Länge ziehen, dass
wir ihn über den Heiligen Abend hierbehalten müssen.«

»Irgendwo muss er doch sein«, sagte Liljecrona. Und
er bewirtete Rüster mit Toddy und Branntwein, leistete
ihm Gesellschaft und sprach die ganze Ekebyer Zeit noch
einmal mit ihm durch. Aber er war verstimmt und seiner
überdrüssig, er wie alle die andern, obgleich er es nicht
merken lassen wollte, denn alte Freundschaft und Gast-
lichkeit waren ihm heilig. Aber in Liljecronas Haus hatten sie sich nun drei Wochen lang für das Weihnachtsfest
gerüstet. Sie hatten in Unbehagen und Hast gelebt, sich
die Augen bei Talglichtern und Kienspänen verdorben,
im Schuppen beim Fleischeinsalzen und im Bräuhaus
beim Bierbrauen gefroren. Doch die Hausfrau wie die
Dienstleute hatten sich allem ohne Murren unterzogen.

Wenn alle Verrichtungen beendet waren und der Heilige Abend anbrach, dann würde ein großer Zauber sie
gefangen nehmen. Am Weihnachtsfest würde ihnen

Scherz und Spaß, Reim und Fröhlichkeit ohne alle Mühe über die Lippen kommen. Alle würden sich mit Lust im Tanze drehen, und aus den dunklen Winkeln der Erinnerung würden die Worte und Melodien der Tanzspiele auftauchen, obgleich man gar nicht glauben konnte, dass sie noch immer da waren. Und dann würden sie alle so gut sein, so gut! Aber als nun Rüster kam, fand der ganze Haushalt von Löfdala, dass Weihnachten verdorben war. Die Hausfrau und die älteren Kinder und treuen Diener waren alle derselben Meinung. Rüster versetzte alle in lähmende Angst. Sie fürchteten überdies, dass, wenn er und Liljecrona anfingen, sich in den alten Erinnerungen zu ergehen, das Künstlerblut in dem großen Violinspieler aufflammen würde und sein Heim ihn verlieren musste. Einst hatte es ihn nie lange daheim gelitten. Es lässt sich nicht beschreiben, wie sie jetzt auf dem Hofe den Hausherrn liebten, seitdem er ein paar Jahre bei ihnen geblieben war. Und was hatte er zu geben, besonders an Weihnachten! Er hatte seinen Platz nicht auf irgendeinem Sofa oder Schaukelstuhl, sondern auf einer hohen, schmalen, glattgescheuerten Holzbank in der Kaminecke. Wenn er dort saß, dann zog er auf Abenteuer aus. Er fuhr rings um die Erde, er stieg zu den Sternen und noch höher empor. Er spielte und sprach abwechselnd, und alle Hausleute versammelten sich um ihn und hörten zu. Das ganze Leben wurde glanzvoll und schön, wenn der Reichtum dieser einzigen Seele es überstrahlte.

Darum liebten sie ihn, so wie sie das Weihnachtsfest, die Freude, die Frühlingssonne liebten. Und als nun der kleine Rüster kam, war ihr Weihnachtsfriede zerstört. Sie hatten vergeblich gearbeitet, wenn dieser kam und den Herrn des Hauses fortlockte. Es war ungerecht, dass dieser Säufer am Weihnachtstisch eines frommen Hauses sitzen und alle Weihnachtsfreude stören sollte.

Am Vormittag des Weihnachtsabends hatte der kleine Rüster seine Noten fertiggeschrieben, und da sprach er von Fortgehen, obgleich es natürlich seine Absicht war, zu bleiben. Liljecrona war von der allgemeinen Verstimmung angesteckt und sagte darum gezwungen und matt, dass es wohl das Beste wäre, wenn Rüster über Weihnachten da bliebe, wo er war.

Der kleine Rüster war stolz und leicht entflammt. Er drehte seinen Schnurrbart auf und schüttelte die schwarze Künstlermähne, die gleich einer dunklen Wolke um seinen Kopf stand. Was meinte Liljecrona eigentlich? Er sollte bleiben, weil er an keinen anderen Ort fahren konnte? Ah, man denke nur, wie sie in den großen Eisenwerken im Broer Kirchspiel standen und auf ihn warteten! Die Gaststube war bereit, der Willkommensbecher gefüllt. Er hatte solche Eile. Er wusste nur nicht, zu wem er zuerst fahren sollte. »Gott bewahre«, sagte Liljecrona, »so fahre doch.« Nach dem Mittagessen lieh sich der kleine Rüster Pferd und Schlitten, Pelz und Decken. Der Knecht von Löfdala sollte ihn zu irgendeinem Gutshof in Bro kutschieren und dann rasch heimfahren, denn es sah nach einem Schneesturm aus. Niemand glaubte, dass er erwartet wurde oder dass es ein einziges Haus in der Umgegend gab, wo er willkommen gewesen wäre. Aber sie wollten ihn so gern loswerden, dass sie sich dies verhehlten und ihn ziehen ließen. »Er hat es selbst gewollt«, sagten sie. Und nun, dachten sie, wollten sie fröhlich sein. Aber als sie sich gegen fünf Uhr im Speisesaal versammelten, um Tee zu trinken und um den Christbaum zu tanzen, schwieg Liljecrona verstimmt. Er setzte sich nicht auf die Märchenbank, er berührte weder Tee noch Punsch, er erinnerte sich an keine Polka, die Violine war ihm verleidet. Wer spielen und tanzen konnte, mochte es ohne ihn tun.

Da wurde die Gattin unruhig, da wurden die Kinder missvergnügt, alles im ganzen Haus ging verkehrt. Es wurde der allertraurigste Weihnachtsabend.

Die Grütze brannte an, die Lichter flackerten, das Holz rauchte, der Wind blies bittere Kälte in die Stuben. Der Knecht, der Rüster kutschiert hatte, kam nicht heim. Die Haushälterin weinte, die Mägde zankten.

Plötzlich erinnerte sich Liljecrona, dass man den Spatzen keine Garbe hinausgehängt hatte, und er beklagte sich laut über alle Frauen rings um ihn, die alte Sitten außer Acht ließen und neumodisch und herzlos waren. Aber sie begriffen wohl, dass ihn Gewissensbisse quälten, weil er den kleinen Rüster am heiligen Weihnachtsabend aus seinem Hause hatte fortgehen lassen.

Und ehe man sich's versah, ging Liljecrona in sein Zimmer, versperrte die Tür und begann zu spielen, wie er nicht gespielt, seit er zu wandern aufgehört hatte. Es war Hass und Hohn, es war Sehnsucht und Sturm. Ihr dachtet mich zu binden, aber ihr müsst eure Fesseln umschmieden. Ihr dachtet mich so kleinmütig zu machen, wie ihr selbst seid. Aber ich ziehe hinaus ins Große, ins Freie. Alltagsmenschen, Haussklaven, fangt mich, wenn es in eurer Macht steht! Als die Gattin diese Töne hörte, sagte sie: »Morgen ist er fort, wenn Gott nicht in dieser Nacht ein Wunder tut. Jetzt hat unsere Ungastlichkeit gerade das hervorgerufen, was wir vermeiden wollten.«

Inzwischen fuhr der kleine Rüster durch das Schneetreiben. Er zog von einem Hause zum andern und fragte, ob es Arbeit für ihn gäbe, aber nirgends wurde er aufgenommen. Sie forderten ihn nicht einmal auf, aus dem Schlitten zu steigen. Einige hatten das Haus voll Besuch, andere wollten am Weihnachtstag über Land fahren. »Versuche es beim nächsten Nachbar«, sagten sie alle.

Er mochte immerhin kommen und das Behagen von ein paar Werktagen stören, nicht aber das des Weihnachtsabends. Das Jahr hatte nur einen Weihnachtsabend, und auf den hatten sich die Kinder den ganzen Herbst über gefreut. Man konnte doch diesen Menschen nicht an einen Weihnachtstisch setzen, wo es Kinder gab. Früher hatten sie ihn gern aufgenommen, aber nicht jetzt, wo er trank. Was sollte man auch mit dem Menschen anfangen? Die Gesindestube war zu schlecht und das Gastzimmer zu fein. So musste der kleine Rüster von Hof zu Hof ziehen, in dem peitschenden Schneesturm. Der nasse Schnurrbart hing schlaff über den Mund, die Augen waren blutunterlaufen und verschleiert, aber der Branntwein verflüchtigte sich aus seinem Hirn. Rüster begann zu grübeln und zu staunen. War es möglich, war es möglich, dass niemand ihn aufnehmen wollte? Da sah er mit einem Male sich selbst. Er sah, wie jämmerlich und verkommen er war, und er begriff, dass er den Menschen verhasst sein musste. Mit mir ist es aus, dachte er. Es ist aus mit dem Notenschreiben, es ist aus mit der Flöte. Niemand auf Erden braucht mich, niemand hat Barmherzigkeit mit mir. Der Schneesturm pfiff und spielte, er riss die Schneehaufen auf und türmte sie wieder zusammen, er nahm eine Schneesäule in die Arme und tanzte damit übers Feld, er hob eine Flocke himmelhoch und stürzte eine andere in eine Grube. »So ist es, so ist es«, sagte der kleine Rüster, »solange man fährt und tanzt, ist es ein fröhliches Spiel, doch wenn man hinab in die Erde soll, dort eingebettet und verwahrt werden, dann ist es Kummer und Leid.« Doch hinab mussten alle, und jetzt war er an der Reihe. Er war am Ende.

Er fragte nicht mehr danach, wohin der Knecht ihn führte. Er glaubte, dass er in das Reich des Todes fuhr.

Der kleine Rüster verbrannte keine Götter auf dieser Fahrt. Er verfluchte weder das Flötenspiel noch das Kavaliersleben, er dachte nicht, dass es besser für ihn gewesen wäre, wenn er die Erde gepflügt oder Schuhe genäht hätte. Aber darüber klagte er, dass er nun ein ausgespieltes Instrument war, das die Freude nicht mehr gebrauchen konnte. Niemanden klagte er an, denn er wusste, wenn das Waldhorn gesprungen ist und die Gitarre ihre Stimme verloren hat, dann müssen sie fort. Er wurde plötzlich ein sehr demütiger Mensch. Er begriff, dass es mit ihm zu Ende ging, jetzt am Weihnachtsabend. Der Hunger oder die Kälte würden ihn umbringen, denn er verstand nichts, er taugte zu nichts und hatte keine Freunde. Da bleibt der Schlitten stehen, und auf einmal ist es hell um ihn, und er hört freundliche Stimmen, und da ist jemand, der ihn in ein warmes Zimmer führt, und jemand, der ihm heißen Tee bringt. Der Pelz wird ihm abgenommen, und mehrere Menschen rufen, dass er willkommen ist, und warme Hände bringen Leben in seine erstarrten Finger.

Von alledem wurde ihm so wirr im Kopfe, dass er wohl eine Viertelstunde nicht zur Besinnung kam. Er konnte unmöglich begreifen, dass er wieder nach Löfdala gekommen war. Er war sich gar nicht bewusst gewesen, dass der Knecht es satt bekommen hatte, im Schneesturm herumzufahren, und nach Hause umgekehrt war. Ebenso wenig verstand er, warum er jetzt in Liljecronas Haus so freundlich empfangen wurde. Er konnte nicht wissen, dass Liljecronas Gattin begriff, welche schwere Fahrt er an diesem Weihnachtsabend gemacht hatte, wo er an jeder Tür, an die er geklopft hatte, abgewiesen worden war. Sie hatte so großes Mitleid mit ihm bekommen, dass sie ihre eigenen Sorgen vergaß. Liljecrona setzte das wilde Spielen in seinem Zimmer fort. Er wusste nichts davon, dass Rüster gekommen war. Dieser saß indessen mit der Frau und den Kindern im Speisesaal. Die Dienstleute, die am Weihnachtsabend auch da zu sein pflegten, waren vor der Langweile bei der Herrschaft in die Küche geflüchtet.

Die Hausfrau versäumte nicht, Rüster zu beschäftigen. »Sie hören ja, Rüster«, sagte sie, »dass Liljecrona den ganzen Abend nur spielt, und ich muss mich um das Tischdecken und das Essen kümmern. Die Kinder sind ganz verlassen. Sie müssen sich der zwei Kleinsten annehmen, Rüster.«

Kinder, das war ein Menschenschlag, mit dem Rüster am wenigsten in Berührung gekommen war. Er hatte sie weder im Kavaliersflügel noch im Soldatenzelt getroffen, weder in Gasthöfen noch auf Landstraßen. Er scheute sich beinahe vor ihnen und wusste nicht, was er sagen sollte, das fein genug für sie war.

Er nahm die Flöte hervor und lehrte die Kinder, Klappen und Löcher mit den Fingern zu bedienen. Es waren zwei Knaben im Alter von vier und sechs Jahren. Sie bekamen eine Lektion auf der Flöte, und das interessierte sie sehr. »Das ist A«, sagte er, »und das ist C«, und dann griff er die Töne. Da wollten die Kleinen wissen, was das für ein A und was für ein C das war, das gespielt werden sollte.

Da nahm Rüster Notenpapier heraus und zeichnete ein paar Noten.

»Nein«, sagten sie, »das ist nicht richtig.« Und sie eilten fort und holten ein Abc-Buch.

Da fing der kleine Rüster an, ihnen das Alphabet abzuhören. Sie konnten und konnten es nicht. Es sah windig aus mit ihren Kenntnissen. Rüster wurde eifrig, hob die Knirpschen auf seine Knie und begann sie zu unterrichten. Liljecronas Frau ging aus und ein und hörte ganz erstaunt zu. Es klang wie ein Spiel, und die Kinder lachten die ganze Zeit, aber sie lernten dabei, ja, das taten sie.

Rüster fuhr ein Weilchen fort, aber er war nicht recht bei dem, was er tat. Er wälzte die alten Gedanken, die er im Schneesturm gehabt hatte, in seinem Kopf. Hier war es gut und behaglich, aber mit ihm war es doch auf jeden Fall aus. Er war verbraucht. Er würde fortgeworfen werden. Und urplötzlich schlug er die Hände vors Gesicht und begann zu weinen.

Da kam Liljecronas Frau hastig auf ihn zu. »Rüster«, sagte sie, »ich kann verstehen, dass Sie glauben, für Sie sei alles aus. Sie haben kein Glück mit der Musik, und Sie richten sich durch den Branntwein zugrunde. Aber es ist noch nicht aus, Rüster.«

»Doch«, schluchzte der kleine Flötenspieler. »Sehen Sie, so wie heute Abend mit den Kleinen dazusitzen, das wäre etwas für Sie. Wenn Sie die Kinder lesen und schreiben lehren wollten, dann würden Sie wieder überall willkommen sein. Das ist kein geringeres Instrument, um darauf zu spielen, Rüster, als Flöte und Violine. Sehen Sie sie an, Rüster!«

Sie stellte die zwei Kleinen vor ihn hin, und er sah auf, blinzelnd, so, als hätte er in die Sonne gesehen. Es war, als fiele es seinen kleinen trüben Augen schwer, denen der Kinder zu begegnen, die groß und klar und unschuldig waren. »Sehen Sie sie an, Rüster!« ermahnte Liljecronas Frau.

»Ich getraue mich nicht«, sagte Rüster, denn es schien ihm wie ein Fegefeuer, in den Kinderaugen die Schönheit der Unschuld zu schauen. Da lachte Liljecronas Frau hell und froh auf. »Dann sollen Sie sich an sie gewöhnen,

Rüster. Sie sollen dieses Jahr als Schulmeister bei uns bleiben.«

Liljecrona hörte seine Frau lachen und kam aus seinem Zimmer.

»Was gibt es?«, sagte er. »Was gibt es?«

»Nichts anderes«, antwortete sie, »als dass Rüster wiedergekommen ist und dass ich ihn zum Schulmeister für unsre kleinen Jungen bestellt habe.«

Liljecrona war ganz verblüfft. »Wagst du das«, sagte er, »wagst du es? Er hat wohl versprochen, nie mehr …«

»Nein«, sagte die Frau, »Rüster hat nichts versprochen. Aber er wird sich vor mancherlei in Acht nehmen müssen, wenn er jeden Tag kleinen Kindern in die Augen sehen soll. Wäre es nicht Weihnachten, hätte ich dies vielleicht nicht gewagt, aber wenn unser Herrgott es wagte, ein kleines Kindlein, das sein eigner Sohn war, unter uns Sünder zu setzen, dann kann ich es wohl auch wagen, meine kleinen Kinder versuchen zu lassen, einen Menschen zu retten.«

Liljecrona konnte gar nicht sprechen, aber es zitterte und zuckte in jeder Falte seines Gesichts, wie immer, wenn er etwas Großes hörte.

Dann küsste er seiner Frau die Hand, so fromm wie ein Kind, das um Verzeihung bittet, und rief laut: »Alle Kinder sollen kommen und Mutter die Hand küssen.«

Das taten sie, und dann hatten sie ein fröhliches Weihnachtsfest in Liljecronas Heim.

13.

Dezember

Der Tannenbaum

Hans Christian Andersen

Draußen im Wald stand ein niedlicher, kleiner Tannenbaum; er hatte einen guten Platz, Sonne konnte er bekommen, Luft war genug da, und ringsumher wuchsen viele größere Kameraden, Tannen und auch Fichten; aber der kleine Tannenbaum war nur darauf erpicht, zu wachsen; er dachte nicht an die warme Sonne und an die frische Luft, er machte sich nichts aus den Dorfkindern, die um ihn herumliefen und plauderten, wenn sie da draußen waren, um Erdbeeren oder Himbeeren zu sammeln; oft kamen sie mit einem ganzen Topf voll, oder sie hatten Erdbeeren auf einen Strohhalm gereiht, und dann setzten sie sich neben den kleinen Baum und sagten: »Nein, wie reizend klein der ist!« Das mochte der Baum gar nicht hören.

Im nächsten Jahr war er ein ganzes Ende größer, und im Jahr darauf war er noch viel größer, denn bei einem Tannenbaum kann man immer an den vielen Ansätzen, die er hat, sehen, wie viel Jahre er gewachsen ist.

»Ach, wäre ich doch solch großer Baum wie die andern!«, seufzte der kleine Baum, »dann könnte ich meine Zweige weit um mich ausbreiten und mit der Spitze in die weite Welt hinaussehen! Die Vögel würden Nester zwischen meinen Zweigen bauen, und wenn es wehte, könnte ich so vornehm nicken, geradeso wie die andern da!«

Er hatte gar keine Freude an dem Sonnenschein, an den Vögeln oder an den roten Wolken, die des Morgens und des Abends über ihn hinsegelten.

Wenn es Winter war und der Schnee ringsumher schimmernd weiß lag, dann kam oft ein Hase gesprungen und setzte gerade über den kleinen Baum hinweg – o, das war so ärgerlich! – aber zwei Winter vergingen, und im dritten war der Baum so groß, dass der Hase um ihn herumlaufen musste.

»Ach, wachsen, wachsen, groß und alt werden, das ist doch das einzig Schöne in dieser Welt«, dachte der Baum.

Im Herbst kamen immer Holzhauer und fällten einige von den größten Bäumen, das geschah jedes Jahr, und der junge Tannenbaum, der jetzt schon ganz hübsch groß war, erschauerte, denn die großen, prächtigen Bäume fielen mit einem Krachen und Knacken zu Boden; ihre Zweige wurden abgehauen, sie sahen ganz nackt, lang und schmal aus; sie waren beinahe nicht wieder zu erkennen, aber dann wurden sie auf Wagen geladen, und Pferde zogen sie fort, aus dem Wald hinaus.

Wo sollten sie hin? Was stand ihnen bevor?

Im Frühling, wenn die Schwalbe und der Storch kamen, fragte der Baum sie: »Wisst ihr, wo sie hingebracht worden sind? Seid ihr ihnen begegnet?«

Die Schwalben wussten nichts, aber der Storch sah nachdenklich aus, nickte mit dem Kopf und sagte: »Ja, ich glaube, ich weiß es! Ich begegnete vielen neuen Schiffen, als ich von Ägypten geflogen kam; auf den Schiffen waren prächtige Mastbäume; ich möchte sagen, dass sie es waren, sie rochen nach Tannen; ich kann vielmals grüßen, sie ragen so stolz, so stolz empor!«

»Ach, wäre ich doch auch groß genug, um über das Meer hinzufliegen! Wie ist es eigentlich, dies Meer, und wie sieht es aus?«

»Ja, das ist so umständlich zu erklären«, sagte der Storch, und dann ging er fort.

»Freue du dich deiner Jugend!«, sagten die Sonnenstrahlen; »freue dich auch deines frischen Wachstums, des jungen Lebens, das in dir ist!«

Und der Wind küsste den Baum, und der Tau weinte Tränen über ihn, aber das verstand der Tannenbaum nicht.

Wenn die Weihnachtszeit herankam, wurden ganz junge Bäume gefällt, Bäume, die oft nicht einmal so groß oder so alt waren wie dieser Tannenbaum, der weder Rast noch Ruhe hatte, sondern immer von dannen wollte; diese jungen Bäume – und es waren gerade die allerschönsten – behielten immer ihre Zweige, sie wurden auf Wagen gelegt, und Pferde zogen sie von dannen, aus dem Wald hinaus.

»Wo sollen sie hin?«, fragte der Tannenbaum. »Sie sind nicht größer als ich, da war sogar einer, der noch viel kleiner war; warum haben sie alle ihre Zweige behalten? Wo fahren sie hin?«

»Das wissen wir! Das wissen wir!«, zwitscherten die Spatzen. »Wir haben unten in der Stadt in die Fenster hineingeguckt! Wir wissen, wo sie hinfahren! O, sie gelangen zur größten Pracht und Herrlichkeit, die man sich

nur denken kann! Wir haben in die Fenster hineingeguckt und gesehen, wie sie mitten in die warme Stube
gepflanzt und mit den schönsten Sachen geschmückt
wurden, mit vergoldeten Äpfeln und Honigkuchen, mit
Spielzeug und mit vielen Hunderten von Lichtern!«

»Und dann –?«, fragte der Tannenbaum und zitterte
an allen Zweigen. »Und dann? Was geschieht dann?«

»Ja, mehr haben wir nicht gesehen! Das war wunderbar!«

»Ob ich wohl erschaffen bin, um diesen strahlenden
Weg zu gehen?«, jubelte der Baum. »Das ist noch besser,
als über das Meer zu fahren! Wie mich die Sehnsucht
quält! Wäre es doch erst Weihnachten! Jetzt bin ich groß
und breit wie die andern, die im vorigen Jahr weggeführt
wurden! – Ach, wäre ich doch erst auf dem Wagen! Wäre
ich doch in der warmen Stube mit all der Pracht und
Herrlichkeit! Und dann –? Ja, dann kommt noch etwas
viel Besseres, viel Schöneres, warum sollten sie mich
sonst wohl so schmücken! Da muss noch etwas viel Grö-
ßeres, viel Herrlicheres kommen –! Aber was? O, ich
leide, ich sehne mich! Ich weiß selbst nicht, wie mir zumute ist!«

»Freue dich über mich!«, sagte die Luft, sagte der Sonnenschein; »freue dich deiner frischen Jugend da draußen im Freien.«

Aber er freute sich gar nicht; er wuchs und wuchs, im
Winter und im Sommer stand er grün da; dunkelgrün
stand er da; Leute, die ihn sahen, sagten: »Das ist ein
wunderhübscher Baum«; und zur Weihnachtszeit wurde

er von allen zuerst gefällt. Die Axt hieb tief durch das Mark, der Baum fiel mit einem Seufzer an die Erde, er empfand einen Schmerz, eine Ohnmacht, er konnte gar nicht an sein Glück denken, er war betrübt, von der Heimat scheiden zu müssen, von dem Fleck, wo er empor gesprossen war; er wusste ja, dass er niemals die lieben alten Kameraden, die kleinen Büsche und Blumen ringsumher, ja, vielleicht nicht einmal die Vögel, wieder sehen würde. Die Abreise war gar nicht so angenehm. Der Baum kam erst wieder zu sich, als er im Hofe mit den anderen Bäumen abgeladen worden war und einen Mann sagen hörte: »Der ist wunderhübsch! Wir brauchen nur den allein!«

Dann kamen zwei Diener in vollem Staat und trugen den Tannenbaum in einen großen, schönen Saal. Ringsumher an den Wänden hingen Ölgemälde, und neben dem großen Kachelofen standen chinesische Vasen mit Löwen auf den Deckeln; da gab es Schaukelstühle, seidene Sofas, große Tische, voll von Bilderbüchern und Spielzeug für hundert mal hundert Taler – wenigstens sagten die Kinder das. Und der Tannenbaum wurde in ein großes, mit Sand gefülltes Fass gestellt, aber niemand konnte sehen, dass es ein Fass war, denn es wurde grüner Stoff rings herum gehängt, und es stand auf einem großen, bunten Teppich. O, wie der Baum bebte! Was wird nun wohl geschehen? Diener, wie auch junge Damen gingen umher und schmückten ihn. An die Zweige hängten sie kleine, aus buntem Papier ausgeschnittene Netze; jedes Netz war mit Zuckerwerk gefüllt; vergoldete Äpfel und Walnüsse hingen dazwischen, als seien sie festgewachsen, und über hundert rote, blaue und weiße kleine Kerzen wurden an den Zweigen befestigt. Puppen, die leibhaftig wie Menschen aussahen – der Baum hatte noch niemals solche gesehen – schwebten in dem Grün, und ganz oben auf die Spitze wurde ein großer Stern aus Flittergold gesteckt, das war prachtvoll, ganz wunderbar prachtvoll.

»Heute Abend«, sagten sie alle zusammen, »heute Abend soll er strahlen!«

»Ach«, dachte der Baum, »wäre es doch erst Abend! Wären doch die Lichter nur erst angezündet! Und was dann wohl geschieht? Ob wohl Bäume aus dem Wald kommen, um mich zu besehen? Ob die Spatzen an die Fensterscheiben fliegen? Ob ich hier festwachse und Winter und Sommer geschmückt dastehen soll?«

Ja, er wusste gut Bescheid; aber er hatte förmlich Rindenweh vor lauter Sehnsucht, und Rindenweh ist für einen Baum ebenso schlimm wie Kopfschmerzen für uns andre.

Nun wurden die Lichter angezündet. Welch ein Glanz, welch eine Pracht! Der Baum erbebte dabei an allen Zweigen, sodass eins der Lichter das Grün anzündete; es brannte ordentlich.

»Gott bewahre uns!«, schrien die jungen Damen und löschten es schnell aus.

Jetzt wagte der Baum nicht einmal zu beben! O, war das ein Graus! Er war so bange, etwas von seinem Schmuck zu verlieren, er war ganz verwirrt von all dem Glanz – Und nun gingen beide Flügeltüren auf, und eine Menge

Kinder stürzten herein, als wollten sie den ganzen Baum umreißen; die älteren Leute kamen bedächtig hinterdrein; die Kleinen standen ganz stumm da – aber nur einen Augenblick, dann jubelten sie wieder, dass es nur so schallte; sie tanzten rund um den Baum herum, und ein Geschenk nach dem andern wurde abgepflückt.

»Was machen sie nur?«, dachte der Baum. »Was wird jetzt noch geschehen?« Und die Lichter brannten bis auf die Zweige herunter, und sobald eins niedergebrannt war, wurde es ausgelöscht, und dann bekamen die Kinder Erlaubnis, den Baum zu plündern. O, sie stürzten auf ihn ein, sodass er in allen Zweigen krachte; wäre er nicht mit der Spitze und mit dem goldenen Stern an der Decke festgebunden gewesen, so wäre er umgestürzt. Die Kinder tanzten mit ihrem herrlichen Spielzeug herum, niemand sah den Baum an außer dem alten Kindermädchen, das umherging und zwischen die Zweige guckte, aber das tat sie nur, um zu sehen, ob da nicht noch eine Feige oder ein Apfel vergessen war.

»Eine Geschichte! Eine Geschichte!«, riefen die Kinder und zogen einen kleinen dicken Mann nach dem Baum hin, und der setzte sich gerade unter ihn, »denn dann sind wir im Grünen«, sagte er, »und dem Baum kann es ganz besonders gut tun, mit zuzuhören; aber ich erzähle nur eine Geschichte. Wollt ihr die von Ivede-Avede hören, oder die von Klumpe-Dumpe, der die Treppe hinunterfiel und doch auf den Ehrenplatz kam und die Prinzessin kriegte?«

»Ivede-Avede!«, schrien einige, »Klumpe-Dumpe!«,

schrien andere; da gab es ein Rufen und Schreien, nur der Tannenbaum schwieg ganz still und dachte: »Soll ich gar nicht mit dabei sein, soll ich gar nichts dabei zu tun haben!« Er war ja mit dabei gewesen, hatte getan, was er tun sollte.

Und der Mann erzählte von Klumpe-Dumpe, der die Treppe hinunterfiel und doch auf den Ehrenplatz kam und die Prinzessin kriegte.

Und die Kinder klatschten in die Hände und riefen: »Erzähle! Erzähle!« Sie wollten auch »Ivede-Avede« hören, aber sie bekamen nur die Geschichte von »Klumpe-Dumpe« erzählt. Der Tannenbaum stand ganz still und nachdenklich da, nie hatten die Vögel draußen im Wald so etwas erzählt. »Klumpe-Dumpe fiel die Treppe hinab und kriegte doch die Prinzessin! Ja, ja, so geht es zu in der Welt!«, dachte der Tannenbaum und glaubte, dass es wirklich wahr sei, weil es ein so netter Mann war, der es erzählte. »Ja, ja, wer kann es wissen. Vielleicht falle ich auch die Treppe hinunter und kriege eine Prinzessin!« Und er freute sich darauf, am nächsten Tag wieder mit Lichtern und Spielzeug und Gold und Früchten ausgeputzt zu werden.

»Morgen will ich nicht zittern!«, dachte er. »Ich will mich so recht all meiner Herrlichkeit freuen. Morgen werde ich wieder die Geschichte von »Klumpe-Dumpe« hören und vielleicht auch die von »Ivede-Avede.« Und der Baum stand die ganze Nacht still und gedankenvoll da.

Am Morgen kamen der Diener und das Mädchen herein.

»Nun beginnt die Pracht von neuem!«, dachte der Baum, aber sie schleppten ihn aus der Stube hinaus, die Treppe hinauf auf den Boden, und da, in einer dunklen Ecke, wo kein Tag hineinschien, stellten sie ihn hin. »Was soll das bedeuten?«, dachte der Baum. »Was soll ich hier wohl machen? Was werde ich hier wohl zu hören bekommen?« Und er lehnte sich an die Wand und dachte und dachte – Und Zeit genug hatte er, denn es vergingen Tage und Nächte; niemand kam hinauf, und als endlich jemand kam, da geschah es nur, um ein paar große Kisten in die Ecke zu stellen; der Baum stand ganz versteckt, man sollte glauben, dass er ganz und gar vergessen war.

»Jetzt ist es Winter da draußen!«, dachte der Baum, »Die Erde ist hart und mit Schnee bedeckt, die Menschen könnten mich nicht einpflanzen; darum muss ich hier noch bis zum Frühling im Schutz stehen! Wie wohl bedacht das ist! Wie gut doch die Menschen sind!«

»Wäre es hier nur nicht so dunkel und so schrecklich einsam! – Nicht einmal ein kleiner Hase! – Das war doch so vergnüglich da draußen im Wald, wenn Schnee lag und der Hase vorüber sprang; ja, selbst als er über mich hinwegsprang, aber das mochte ich damals gar nicht. Hier ist es aber doch schrecklich einsam!«

»Piep, piep!«, sagte im selben Augenblick eine kleine Maus und schlüpfte hervor, und dann kam noch eine kleine dazu. Sie beschnupperten den Tannenbaum und huschten in seinen Zweigen herum.

»Es ist eine gräuliche Kälte!«, sagten die kleinen

Mäuse, »Sonst ist es hier ja herrlich! Nicht wahr, du alter Tannenbaum?«

»Ich bin gar nicht alt!«, sagte der Tannenbaum, »es gibt viele, die viel älter sind als ich!«

»Wo kommst du her?«, fragten die Mäuse, »und was weißt du?« Die waren nun einmal so schrecklich neugierig. »Erzähle uns doch von dem schönsten Ort auf der Welt! Bist du dort gewesen? Bist du in der Speisekammer gewesen, wo Käse auf den Borden liegen und Schinken unter der Decke hängen, wo man auf Talglichten tanzt und mager hineingeht und fett herauskommt?«

»Den Ort kenne ich nicht«, sagte der Baum, »aber den Wald kenne ich, wo die Sonne scheint und wo die Vögel singen!«, und dann erzählte er alles aus seiner Jugend, und die kleinen Mäuse hatten noch nie so was gehört, und sie hörten aufmerksam zu und sagten: »Nein, wie viel du gesehen hast! Wie glücklich du gewesen bist!«

»Ich!«, sagte der Tannenbaum und dachte über das nach, was er selbst erzählte; »ja, es waren im Grunde ganz vergnügliche Zeiten!« – aber dann erzählte er von dem Weihnachtsabend, wo er mit Kuchen und Lichtern geschmückt war.

»Ach!«, sagten die kleinen Mäuse, »wie glücklich du gewesen bist, du alter Tannenbaum!«

»Ich bin gar nicht alt!«, sagte der Tannenbaum, »ich bin ja erst diesen Winter aus dem Wald gekommen! Ich bin in meinem allerbesten Alter, ich bin nur im Wachstum zurückgeblieben!«

»Wie schön du erzählen kannst!«, sagten die kleinen

Mäuse, und in der nächsten Nacht kamen sie mit vier anderen kleinen Mäusen, die den Baum erzählen hören sollten, und je mehr er erzählte, desto deutlicher erinnerte er sich all seiner Erlebnisse und meinte: »Es waren doch ganz vergnügliche Zeiten! Aber es kann noch kommen, es kann noch kommen! Klumpe-Dumpe fiel die Treppe hinunter und kriegte doch die Prinzessin, vielleicht kriege ich auch eine Prinzessin«, und dabei dachte der Tannenbaum an eine kleine niedliche Birke, die da draußen im Wald wuchs, das war für den Tannenbaum eine wirkliche, schöne Prinzessin.

»Was ist Klumpe-Dumpe?«, fragten die kleinen Mäuse. Und dann erzählte der Tannenbaum das ganze Märchen, er konnte sich jedes einzelnen Wortes entsinnen; und die kleinen Mäuse waren nahe daran, vor lauter Freude bis an die Spitze des Baumes zu springen. In der nächsten Nacht kamen noch viel mehr Mäuse, und am Sonntag kamen sogar zwei Ratten; aber die meinten, die Geschichte wäre nicht amüsant, und das betrübte die kleinen Mäuse, denn jetzt gefiel sie ihnen auch lange nicht mehr so gut.

»Wissen Sie nur die eine Geschichte?«, fragten die Ratten.

»Nur die eine!«, antwortete der Baum. »Die hörte ich an meinem glücklichsten Abend, aber damals dachte ich nicht daran, wie glücklich ich war!«

»Das ist eine außerordentlich mäßige Geschichte! Wissen Sie keine von Speck oder Talglichten? Keine Speisekammergeschichte?«

»Nein!«, sagte der Baum.

»Ja, dann bedanken wir uns vielmals!«, sagten die Ratten und gingen wieder dahin, woher sie gekommen waren.

Die kleinen Mäuse blieben schließlich auch weg, und da seufzte der Baum: »Es war doch ganz nett, als sie um mich herumsaßen, die muntern kleinen Mäuse, und zuhörten, wenn ich erzählte! Nun ist auch das vorbei! – Aber ich werde daran denken, mich zu freuen, wenn ich nun wieder hervorgeholt werde!«

Aber wann geschah das! – Ja, in einer Morgenstunde kamen Leute und kramten auf dem Boden herum. Kisten wurden weggesetzt, der Baum wurde hervorgezogen; sie warfen ihn freilich ein wenig hart auf den Fußboden, aber gleich darauf schleppte ihn ein Diener nach der Treppe hin, wo der Tag hereinschien.

»Jetzt fängt das Leben wieder an«, dachte der Baum; er fühlte die frische Luft, den ersten Sonnenstrahl – und nun war er draußen auf dem Hof. Alles ging so geschwind, der Baum vergaß ganz, sich selbst zu betrachten, ringsumher war so vieles zu sehen. Der Hof stieß an einen Garten, und darin blühte alles; die Rosen hingen so frisch und duftend über das kleine Gitter herüber, die Lindenbäume blühten, und die Schwalben flogen umher und sagten: »Quivi-wiewie-vit, mein Mann ist gekommen!«, aber den Tannenbaum meinten sie nicht.

»Jetzt will ich leben!«, jubelte er und breitete seine Zweige weit aus; ach, sie waren alle vertrocknet und gelb; und er lag in der Ecke zwischen Unkraut und Nesseln.

Der Stern aus Goldpapier saß noch oben an der Spitze und glitzerte im hellen Sonnenschein.

Auf dem Hofe spielten ein paar von den lustigen Kindern, die zur Weihnachtszeit um den Baum herumgetanzt und sich so über ihn gefreut hatten. Eins von den kleinsten lief hin und riss den goldenen Stern ab.

»Seht, was da noch an dem ekligen alten Tannenbaum sitzt!«, sagte der Junge und trampelte auf den Zweigen herum, sodass sie unter seinen Stiefeln krachten.

Und der Baum sah hinüber zu all der Blumenpracht und Frische im Garten, er sah sich selbst an und wünschte, dass er in seinem dunkeln Winkel oben auf dem Boden geblieben wäre; er dachte an seine frische Jugend im Wald, an den lustigen Weihnachtsabend und an die kleinen Mäuse, die so vergnügt die Geschichte von Klumpe-Dumpe angehört hatten.

»Vorbei, vorbei!«, sagte der arme Baum. »Hätte ich mich doch gefreut, als ich es noch konnte. Vorbei! Vorbei!«

Und der Knecht kam und hieb den Baum in kleine Stücke, ein ganzes Bündel lag da; herrlich flammte es auf unter dem großen Braukessel; und er seufzte so tief, jeder Seufzer war wie ein kleiner Schuss; deshalb liefen die Kinder, die da draußen spielten, herzu und setzten sich vor das Feuer, sahen in die Flammen und riefen: »Piff! Paff!«, aber bei jedem Knall, der ein tiefer Seufzer war, dachte der Baum an einen Sommertag im Wald, an eine Winternacht da draußen, wenn die Sterne glitzerten; er dachte an den Weihnachtsabend und an Klumpe-Dumpe, das einzige Märchen, das er gehört hatte und erzählen konnte – und dann war der Baum verbrannt.

Die Knaben spielten auf dem Hofe, und der kleinste hatte den goldenen Stern an der Brust, den der Baum an seinem glücklichsten Abend getragen hatte; das war jetzt vorbei, und mit dem Baum war es vorbei und mit der Geschichte auch; vorbei, vorbei, und so geht es mit allen Geschichten!

14.
Dezember

Der selbstsüchtige Riese

Oscar Wilde

J eden Nachmittag pflegten die Kinder, wenn sie aus der Schule kamen, in den Garten des Riesen zu gehen und dort zu spielen.

Es war ein großer, schöner Garten mit weichem grünen Gras. Da und dort im Gras standen schöne Blumen gleich Sternen, und zwölf Pfirsichbäume waren da, die im Frühling zarte, rot-weiße Blüten trugen und im Herbste von Früchten schwer waren. Die Vögel saßen auf den Bäumen und sangen so süß, dass die Kinder zuweilen im Spielen innehielten, um ihnen zuzuhören. »Wie glücklich wir doch sind!«, riefen sie einander zu.

Eines Tages kam der Riese zurück. Er hatte seinen Freund, den Menschenfresser, in Cornwall besucht und war bei ihm sieben Jahre lang geblieben. Als die sieben Jahre um waren, hatte er ihm alles gesagt, was er ihm zu sagen hatte, denn sein Konversationstalent war beschränkt, und so beschloss er denn, auf sein Schloss zurückzukehren. Als er ankam, sah er die Kinder im Garten spielen.

»Was treibt ihr hier?«, rief er höchst verdrießlich. Und die Kinder liefen davon. »Mein Garten ist mein Garten«, sagte der Riese. »Das muss jedermann einsehen, und ich allein darf drin spielen.« So baute er eine hohe Mauer um den Garten und pflanzte eine Warnungstafel auf.

Das Betreten des Gartens ist bei Strafe verboten!

Es war eben ein sehr selbstsüchtiger Riese.

Die armen Kinder wussten nun nicht, wo sie spielen sollten. Sie versuchten, auf der Straße zu spielen, aber die Straße war sehr staubig und voll harter Steine, und das liebten sie nicht. Sie wanderten um die hohe Mauer herum, wenn die Schule aus war und sprachen über den schönen Garten, der dahinter lag. »Wie glücklich waren wir da!«, sagten sie.

Dann kam das Frühjahr, und im ganzen Land waren kleine Blüten und Vögel. Nur im Garten des egoistischen Riesen war immer noch Winter. Die Vögel hatten keine Lust, darin zu singen, da keine Kinder da waren, und die Bäume vergaßen zu blühen. Einmal steckte allerdings eine schöne Blume ihr Köpfchen aus dem Gras. Als sie aber die Warnungstafel sah, taten ihr die Kinder so leid, dass sie in die Erde zurückschlüpfte und schlafen ging. Die einzigen Leute, die zufrieden waren, waren der Schnee und der Frost. »Der Frühling hat den Garten vergessen«, riefen sie. »So werden wir das ganze Jahr leben!« Der Schnee bedeckte das Gras mit seinem großen weißen Mantel, und der Frost malte alle Bäume silberfarben. Dann luden sie den Nordwind ein, zu ihnen zu kommen, und er kam. Er war ganz in Pelze gewickelt und schrie den ganzen Tag im Garten herum und blies die Schornsteine von den Häusern. »Hier ist gut sein«, sagte er. »Wir müssten den Hagel auch einladen, uns zu besuchen.« So kam der Hagel. Jeden Tag drei Stunden lang rasselte er auf dem Dach des Hauses, bis er die meisten Dachziegel zerbrochen hatte, und dann lief er im Garten herum, so rasch er konnte. Er war ganz grau gekleidet, und sein Atem war wie Eis.

»Ich verstehe nicht, warum der Frühling so spät kommt«, sagte der selbstsüchtige Riese, der am Fenster saß und in seinen kalten, weißen Garten hinausblickte. »Ich hoffe, das Wetter wird sich bald ändern!«

Aber der Frühling kam nicht und der Sommer auch nicht. Der Herbst bescherte jedem Garten goldene Früchte, aber dem Garten des Riesen gab er keine. »Er ist zu selbstsüchtig«, sagte der Herbst. So war es dort denn immer Winter, und der Nordwind, der Hagel und der Schnee tanzten unter den Bäumen umher.

Eines Morgens lag der Riese wach in seinem Bett, als er eine wunderbare Musik hörte. Es klang so süß an sein Ohr, dass er glaubte, des Königs Musikanten zögen vorüber. Es war aber nur ein Hänfling, der draußen vor dem Fenster sang. Doch es war so lange her, dass er einen Vogel in seinem Garten hatte singen hören, dass ihm die Stimme des Hänflings klang wie die schönste Musik der Welt. Dann hörte der Hagel auf, über seinem Kopfe zu tanzen, und der Nordwind brüllte nicht mehr, und ein wunderbarer Duft drang durchs offene Fenster zu ihm. »Ich glaube, der Frühling kommt endlich!«, sagte der Riese. Und er sprang aus dem Bette und sah hinaus.

Was sah er da?

Da sah er etwas Wunderbares. Durch ein kleines Loch in der Mauer waren die Kinder in den Garten geschlüpft, und nun saßen sie in den Zweigen der Bäume. In jedem Baum, den er sehen konnte, saß ein kleines Kind. Und die Bäume waren so glücklich, die Kinder wiederzuhaben, dass sie sich mit Blüten bedeckt hatten und ihre Arme über den Köpfen der Kinder sanft hin und her bewegten. Die Vögel flogen umher und zwitscherten voll Entzücken, und die Blumen guckten durch das grüne Gras und lachten. Es war ein entzückender Anblick. Nur in einem Winkel des Gartens war noch Winter. Es war die entfernteste Ecke des Gartens, und dort stand ein kleiner Bub. Er war so klein, dass er die Zweige des Baumes nicht erreichen konnte, und so ging er um den Stamm herum und weinte bitterlich. Der arme Baum war noch ganz bedeckt mit Schnee und Eis, und der Nordwind blies und brüllte um ihn her. »Klettre herauf, kleiner Bub«, sagte der Baum und bog seine Zweige, so tief er konnte. Aber der Bub war zu klein.

Und des Riesen Herz schmolz, als er hinaussah. »Wie selbstsüchtig ich doch gewesen bin!«, sagte er. »Nun weiß ich, warum der Frühling nicht kommen wollte. Ich will den armen, kleinen Buben auf die Spitze des Baumes setzen, und dann will ich die Mauer niederreißen, und mein Garten soll für ewige Zeiten ein Spielplatz sein.« Es tat ihm wirklich leid, dass er so selbstsüchtig gewesen war.

So schlich er denn die Treppe hinunter und öffnete ganz leise die Haupttür und ging in den Garten hinaus. Als ihn aber die Kinder erblickten, erschraken sie so, dass sie alle davonrannten, und gleich war wieder Winter im

Garten. Nur der kleine Bub lief nicht fort, denn seine Augen waren so voll Tränen, dass er den Riesen nicht kommen sah. Und der Riese stahl sich leise hinter ihn und nahm ihn sanft in seine Hand und setzte ihn auf den Baum hinauf. Und mit einem Male bedeckte sich der Baum mit Blüten, und die Vögel kamen und sangen, und der kleine Bub streckte seine beiden Arme aus, schlang sie um des Riesen Hals und küsste ihn. Und als die anderen Kinder sahen, dass der Riese gar nicht mehr böse sei, kamen sie zurückgelaufen, und mit ihnen kam der Frühling. »Das ist nun euer Garten, liebe Kinder!«, sagte der Riese und nahm eine große Axt und schlug die Mauer nieder. Und als die Leute mittags zum Markt gingen, sahen sie, wie der Riese mit den Kindern in seinem Garten spielte, und der Garten war der schönste der Welt.

Den ganzen Tag spielten sie, und am Abend kamen sie zum Riesen, um ihm Lebewohl zu sagen.

»Wo ist aber euer kleiner Gefährte«, sagte er. »Der Bub, den ich den Baum hinaufgehoben habe?« Der Riese liebte ihn am meisten, weil er ihn geküsst hatte.

»Das wissen wir nicht«, sagten die anderen Kinder. »Er ist fortgegangen!«

»Ihr müsst ihm sagen, dass er ja sicher morgen wiederkommt.« Aber die Kinder sagten, dass sie nicht wüssten, wo er wohne, und dass sie ihn nie vorher gesehen hätten. Und da wurde der Riese sehr traurig.

Jeden Nachmittag, wenn die Schule aus war, kamen die Kinder und spielten mit dem Riesen. Aber der kleine Bub, den der Riese liebte, wurde nicht mehr gesehen. Der

Riese war sehr nett zu allen Kindern, aber doch sehnte er sich nach seinem ersten kleinen Freunde und sprach oft von ihm. »Wie gerne möchte ich ihn sehen!«, pflegte er zu sagen.

Jahre gingen vorüber, und der Riese wurde sehr alt und schwach. Er konnte nicht mehr herumtollen, und so saß er in seinem riesigen Lehnstuhl, schaute den Kindern bei ihren Spielen zu und bewunderte seinen Garten. »Ich habe viele schöne Blumen«, sagte er. »Aber die Kinder sind doch die schönsten Blumen von allen.«

Eines Wintermorgens sah er aus seinem Fenster, als er sich gerade anzog. Er hasste jetzt den Winter nicht, denn er wusste, dass der Frühling schlief und dass die Blumen ihm blieben. Plötzlich rieb er sich ganz verwundert die Augen und schaute und schaute. Was er sah, war wirklich höchst wunderbar. In der fernsten Ecke des Gartens stand ein Baum, ganz bedeckt mit herrlichen weißen Blüten. Seine Zweige waren aus eitel Gold, und silberne Früchte hingen an ihnen nieder, und darunter stand der kleine Bub, den er so geliebt hatte.

Der Riese lief in großer Freude die Treppen hinunter und hinaus in den Garten. Er eilte durch das Gras und näherte sich dem Kind. Aber als er ganz nahegekommen war, wurde sein Gesicht ganz rot vor Wut, und er sagte: »Wer hat gewagt, dich zu verwunden?« Denn in den Handtellern des Kindes waren die Male von zwei Nägeln, und die Male von zwei Nägeln waren auf den kleinen Füßen.

»Wer hat gewagt, dich zu verwunden?«, schrie der

Riese. »Sag es mir, und ich nehme ein großes Schwert und haue ihn nieder!«

»Nein«, antwortete das Kind. »Denn dies sind die Wunden der Liebe.«

»Wer bist du?«, sagte der Riese, und ein seltsames Weh befiel ihn, und er kniete vor dem kleinen Kinde nieder.

Und das Kind lächelte und sagte: »Du hast mich einmal in deinem Garten spielen lassen, heute sollst du mit mir kommen in meinen Garten, und das ist das Paradies.«

Und als die Kinder nachmittags in den Garten liefen, fanden sie den Riesen tot unter dem Baum, ganz bedeckt mit weißen Blüten.

15.
Dezember

Weihnachtslied

Friedrich von Schlegel

Am Weihnachtsabend in der Still'
Ein tiefer Schlaf mich überfiel
Mit Freuden ganz umflossen;
Mein' Seel' empfing viel Süßigkeit,
Vor Trost ich schier zerflossen.

Ich träumte wie ein Engel käm'
Und führte mich gen Bethlehem,
Ins jüd'sche Land gar ferne:
Ein Wunderding sich hier begab,
Hör' zu, dies von mir lerne.

In einen Stall ging ich hinein,
Darin ein Ochs und Eselein
Ihr Heu beim Kripplein aßen:
Ein frommer Mann, ein' Jungfrau zart
Bei ihnen kläglich saßen.

Die Jungfrau hat auf ihrem Schoß
Ein Kindelein ganz nackt und bloß,
Doch schien es als die Sonne:
Sein' Äuglein strömten Glanz umher
Gleichwie ein lichter Bronne.

Dies Kindlein ward der große Gott,
Der uns Bedrängten hilft aus Not,

Der alle Dinge machte;
Die Welt erkennt den Schöpfer nicht,
So gar sie ihn verachte.

In arme schlechte Windelein
Ihr Kind die Jungfrau wickelt ein,
Legt's in die Kripp' mit Neigen;
Dies ist der Thron, wo Gottes Sohn
Sein' Liebe wollt' bezeigen.

Hört weiter an, was ich euch sag:
Die Nacht ward licht, als wär' es Tag,
Viel Engel hört man singen;
Mit Harfen und mit Lautenklang
In hoher Luft erklingen.

Ein Engel sprach zur Hirtenschar:
Entsetzt euch nicht, nur Freud' fürwahr
Hört ihr aus meinem Munde;
Eu'r Heiland jetzt geboren ist,
Frisch auf zu dieser Stunde!

Alsbald die Hirten dies gehört,
Beschlossen sie auch ungestört
Gen Bethlehem zu reisen;
Das Kindlein dorten anzuschaun,
Ihm Liebe zu beweisen.

Sie zogen hin mit schneller Eil',
Der Weg war eine halbe Meil',
Bis sie zum Kripplein kamen;
Sieh da Maria fanden sie,
Joseph, das Kind zusammen.

Als sie daselbst gegangen ein,
Joseph hieß sie willkommen sein,
Dem sie erzeigten Ehre;
Da zeigten sie die Wunder an,
Dies freut die Mutter sehre.

Sie fielen nieder hin zur Erd',
Anbeteten den Heiland wert,
Für Freud' sie mussten weinen;
Dann opfern sie ihm Gaben auf,
Ein Lämmlein von den Kleinen.

Alsbald kehrten sie wieder um,
Es ward das Evangelium
Durch sie bekannt im Lande;
Es ihnen niemand glauben wollt',
Wes' Orts er war und Stande.

Dies ist's, was ich im Traum gesehn,
Doch ist's kein Traum, es ist geschehn,
Was ich als Traum erzählet;
Wahr und wahrhaftig dieses ist,
Nichts ist daran gefehlet.

16.

Dezember

Drei Haselnüsse
für Aschenbrödel

Nach Božena Němcová »Die drei Schwestern«

Der Film gleichen Titels aus dem Jahr 1973, der zu einem Weihnachtsklassiker im deutschen Fernsehen geworden ist, ist eine originelle Bearbeitung des Aschenputtelmärchens von Božena Němcová. Das Motiv des Haselstrauches scheint die tschechische Märchensammlerin von den Brüdern Grimm übernommen zu haben.

In einer Stadt lebte einmal ein Ehepaar, das hatte drei Töchter. Die älteste hieß Baruschka, die zweite Dorotka und die dritte Anuschka. Die beiden älteren waren eitel und arbeitsscheu, den ganzen Tag saßen sie da und machten sich schön, wollten immer neue Kleider und teuren Schmuck; Anuschka wurde auch Aschenbrödel genannt, weil sie den ganzen Tag in Schmutz und Asche die Hausarbeiten verrichten musste, während ihre Schwestern auf der faulen Haut lagen und ihr gegenüber garstig und böse waren. Anuschkas Mutter war schon früh gestorben, und der Vater, der recht reich war, hatte dann eine Witwe geheiratet, die die beiden Stiefschwestern mit in die Ehe gebracht hatte. Aschenbrödel Anuschka hatte wohl nicht so weiße Wangen und so zarte Händchen wie ihre Stiefschwestern, war aber dennoch viel schöner und in ihrem ganzen Wesen angenehmer und herzlicher als sie. Die Stiefmutter aber mochte Anuschka nicht, sie schmeichelte ihren eigenen Töchtern, gab

132

ihnen all die schönen Sachen, die sie sich nur wünschten, und tat ihnen jeden Willen, und hätte Aschenbrödel nicht ihren Vater gehabt, der sie sehr liebte, hätte sie im Haus noch sehr viel mehr ausstehen müssen als ein Hund. An Anuschka dachte die ungerechte Stiefmutter nicht; das arme Mädchen hatte nur raue Kleider an, die eher Lumpen glichen, und aus dem Haus gehen durfte sie auch nicht; sogar zur Kirche zu gehen, erlaubte ihr die Mutter nicht, stattdessen hielt sie sie an, vom Morgen bis zum Abend in Schmutz und Unrat zu schuften. Dabei beklagte sich das Mädchen nicht und war immer guter Dinge.

Eines Tages war in der nahen Hauptstadt Markt, und der Vater begab sich gleichfalls dahin. Bevor er ging, fragte er die Töchter, was er ihnen von dort mitbringen solle. Baruschka und Dorotka wollten eine ganze Menge von schönen und teuren Sachen und drängten den Vater, sie ihnen zu kaufen; die eine wollte Brokatkleider, die andere welche aus Seide, und auch Edelsteine, Bänder und anderen eitlen Schmuck und Tand wünschten sie sich zuhauf.

»Und was soll ich dir mitbringen?«, fragte der Vater schließlich auch seine liebe Anuschka, als sie gerade das Frühstück für alle auftrug.

»Lieber Vater, ich verlange nicht viel; bringt mir das mit, was Euch am Weg als erstes in das Gesicht streicht«, antwortete sie bescheiden.

Stiefmutter und Stiefschwestern aber lachten Aschenbrödel nur aus und hänselten sie.

»Das wird wohl nicht viel sein!«, hörte man da. Oder: »Sie braucht gar nichts zu haben, diese Aschenhockerin; für sie ist ein grober Kittel schon genug.«

Der Vater jedoch nahm sie in Schutz und tadelnd sprach er: »Sie ist doch ein Mädchen wie ihr auch und macht sich auch mal gern schön.«

»Ei, wer schaut sie denn schon an«, spottete die Mutter und schob Anuschka zur Tür hinaus.

Der Vater ging auf den Markt, kaufte dort für die Stieftöchter allerhand schöne und wertvolle Sachen und machte sich dann auf den Heimweg. Als er an einem Wäldchen vorbeikam, streifte er zufällig einen Haselstrauch, und ein Reis davon schlug ihm ins Gesicht. Da erinnerte er sich an Anuschkas seltsame Bitte, brach den Zweig mit den drei Haselnüssen ab und tat diese in seine Tasche. Als er nun nach Hause kam, kamen die Stieftöchter schon von Weitem angerannt und verlangten ihre schönen Kleider und Edelsteine; Anuschka aber war froh, dass der Vater wieder zu Hause war. »Da hast du, mein Kind, was du dir gewünscht hast, das ist mein Geschenk für dich«, sagte ihr der Vater, und freudig dankte sie ihm für die kleine Gabe und verbarg die drei Nüsse unter ihrem Mieder. Die Stiefmutter und ihre zwei Töchter aber lachten sie nur aus.

Als sie aber am Abend beim Brunnen Wasser in einen Eimer schöpfte, bückte sie sich zu sehr und die Nüsse fielen ins Wasser. »Nun sind die schönen Nüsse dahin. Wie bekomme ich sie nur wieder«, klagte sie bekümmert und beugte sich über das Brunnengeländer, um die Nüsse auf dem Grund des Brunnens zu sehen; aber der Brunnen war sehr tief, und die Nüsse weit weg. Da sprang auf einmal ein kleiner grüner Frosch auf den Rand des Brunnens und sagte:

»Was ist geschehen, Anuschka, dass du so weinst und klagst?«

»Wie soll ich nicht weinen und jammern«, antwortete sie ihm, »da mir die Nüsse, die ich heute vom Vater als Geschenk bekommen habe, in den Brunnen gefallen sind.«

»Höre auf zu weinen, ich bringe sie dir«, sprach so der Frosch, sprang in den Brunnen und war im Nu wieder oben und legte die drei Nüsse auf den Brunnenrand. Überglücklich dankte ihm Anuschka und nahm sich schnell die Nüsse.

»Weißt du auch, was in den Nüssen steckt?«, fragte dann der Frosch das erstaunte Mädchen.

»Was soll es denn wohl anderes sein als ein Kern?«, meinte sie.

»Keineswegs! In jeder der drei Nüsse befindet sich ein kostbares Kleid, das dir genau passt. Wann immer du es möchtest, brich eine der Nüsse auf und ziehe dir dieses Kleid an.«

So sagte der hilfreiche Frosch und sprang dann wieder hinunter in den Brunnen. Doch Anuschka glaubte nicht so recht an das, was der Frosch ihr erzählt hatte.

»Wie hätte denn ein ganzes Kleid Platz in einer solch kleinen Nuss? Ich werde sie mir aufbewahren und keine einzige aufknacken«, so dachte sie bei sich; dann versteckte sie sie wieder unter ihrem Mieder, nahm die Wassereimer und ging ihrer gewohnten harten Arbeit nach. Ehe sie sich schlafen legte, wickelte sie dann die Nüsse in ein Stück Leinen und legte dieses in die Truhe.

Der Sonntag kam, die Schwestern zogen neue, kostbare Kleider an und gingen wie Pfauen geschmückt in die Kirche; Mutter und Vater und das gesamte Hausgesinde begaben sich ebenfalls zum Gotteshaus. Wie gerne wäre unser Aschenbrödel auch mitgegangen! Aber wie sie die Mutter auch anbettelte, ihr doch auch ein Kleid zu geben, sie musste zu Hause bleiben. »Du hässliches Aschenbrödel bist voller Staub und Schmutz; du bleibst zu Hause«, befahl ihr in barschem Ton die Stiefmutter und schüttete obendrein noch eine Schüssel Linsen in die Asche; diese sollte das arme Mädchen aus der Asche auslesen. Verzweifelt setzte sie sich hin und begann. Da, auf einmal kamen sechs Tauben vom Dach herabgeflogen und klaubten für Aschenputtel die Linsen aus der Asche. Aschenbrödel dankte es ihnen voller Freude, und die Vögel flatterten wieder zurück aufs Dach.

»Wie gerne würde ich jetzt, da die Arbeit getan ist, zur Kirche gehen, aber mit diesen Lumpen hier an meinem Leib würden alle Leute mich auslachen. Und wenn es doch wahr wäre, was der Frosch zu mir von den Nüssen gesprochen hatte? Nun, ich werde wenigsten eine davon aufmachen, zwei bleiben mir ja dann noch.« So dachte sie bei sich und wischte sich mit ihrer Schürze aus grobem Linnen die Tränen aus den Augen; dann holte sie sich aus der Truhe eine Nuss hervor und öffnete sie mit einem kleinen Messer. »Vielleicht ist es doch wahr!«, rief sie erwartungsvoll auf, als etwas darin glitzerte. Sie setzte sich auf die Truhe und breitete den Inhalt der Nuss behutsam aus. Zuerst zog sie ein rosenfarbenes, silbergesticktes Kleid hervor, dann einen Silbergürtel, einen weißen Schleier, der zart wie ein Spinnengewebe war, ein Perlendiadem und weiße silbergestickte Schuhe. Schnell wusch sie sich und zog das wunderbare Kleid an, das ihr wie die Schuhe auch wie angegossen passte, und sah darin aus wie die schönste Prinzessin auf der Welt. Dann flocht sie sich die Haare in das kostbare Diadem, zog den Schleier vor das Antlitz und rauschte fort. Bei der Haustür besprengte sie sich dann noch mit Weihwasser mit den Worten: »Nebel sei vor mir, Nebel sei hinter mir, der Herrgott selbst sei über mir«, trat aus dem Tor und machte sich auf den Weg in die Kirche, in der die Messe schon angefangen hatte.

In der Kirche traten die Leute auseinander und machten Anuschka Platz, denn jeder glaubte, irgendeine erlauchte Fürstin sei eingetreten. Sie setzte sich genau ihren Stiefschwestern gegenüber, die an kein Vaterunser mehr dachten, als sie die ihnen unbekannte Dame sahen; beständig mussten sie auf die Perlen und das wunderschöne Kleid starren. In ihrem Leben hätten sie nicht gedacht, dass dies ihr so verschmähtes Aschenbrödel war.

Aber in der Kirche befand sich noch jemand, dem Anuschka in die Augen fiel. Es war der junge Prinz des Landes, der auf seiner Durchreise durch die Stadt in die dortige Kirche gegangen war und sie erblickte. Obgleich er wegen des Schleiers ihr Gesicht nicht genau wahrnehmen konnte, so schloss er doch aus ihrer ganzen Erscheinung, dass sie wunderschön sein musste, und er konnte seine Blicke nicht von ihr wenden. Schon während der Messe fragte er den und fragte jenen, aber keiner konnte ihm Auskunft über die unbekannte Schöne geben. So wartete er, bis sie aus der Kirche treten würde. Aber Anuschka betete ein Vaterunser, warf einige Blicke über die ganze Kirchengemeinde und schon war sie über die Schwelle getreten und den Blicken aller entschwunden, noch ehe der Prinz sich durch die Menge hindurchwinden konnte. Wie hatte sie noch gesprochen, als sie aus dem Haus trat: »Nebel sei vor mir, Nebel sei hinter mir, der Herrgott selbst sei über mir.« Keiner sah sie mehr.

Daheim zog Aschenbrödel die Kleider schnell aus, legte sie behutsam in die Nuss, versperrte die Truhe und eilte flugs in die Küche in der Furcht, das Feuer ausgelöscht und die Töpfe fürs Mittagessen leer zu finden. Aber die Flamme knisterte, und das Mittagessen kochte. Sobald ihre Leute aus der Kirche kamen, war alles fertig, und die Stiefmutter war verdutzt, dass sogar die Linsen alle aufgelesen waren.

»Heute hättest du in der Kirche sein sollen, da war eine wunderschöne Frau«, so sprachen die Schwestern, nur um Aschenbrödel neidisch zu machen und es zu ärgern.

»Hm, ich habe sie auch gesehen«, sagte da Aschenputtel.

»Wo hast du sie gesehen?«

»Ich saß auf unserem Birnbaum, als sie vorbeiging.«

Augenblicklich befahlen die schlimmen Schwestern dem Knecht, er solle den Birnbaum umhauen. Und die ganze Woche sprachen sie von nichts anderem als von der schönen Frau und von dem jungen Prinzen, wie er ihr nachgeeilt sei und sie überall gesucht habe.

Am nächsten Sonntag begab sich alles wieder in die Kirche, und Anuschka bat ihre Stiefmutter inständig, auch mitgehen zu dürfen; doch diese wies dieses Ansinnen erneut mit bösen Worten zurück und gab Aschenbrödel nochmals eine Zusatzarbeit: sie solle Mohnkörner aus der Gerste lesen. Und wieder kamen die Tauben vom Dach geflogen und begannen, den Mohn aus der Gerste zu klauben, und Anuschka tat währenddessen wie am Sonntag zuvor. Sie wusch sich und ging sich ankleiden. Sie öffnete die zweite Nuss und zog ein Kleid von wolkenblauer Farbe hervor, besetzt mit Perlen und Diamanten, ein Diamantenstirnband, einen weißen Schleier und feine weiße Schuhe. Dann dankte sie den Tauben, die für sie die schier unlösbare Arbeit gemacht hatten, die die Stiefmutter in ihrem bösen Herzen für sie ausgedacht hatte, besprengte sich beim Hinausgehen wieder mit Weihwasser, sprach ihr: »Nebel sei vor mir, Nebel sei hinter mir, der Herrgott selbst sei über mir«, und eilte zur Kirche. Für diesen frommen Gang gab es aber noch einen anderen Grund: Sie wollte sich den jungen Prinzen unbedingt wieder ansehen.

In der Kirche gaben die Leute schon eine Weile Acht, ob die schöne Unbekannte wieder erscheinen werde, und kaum hatten sie sie wahrgenommen, da verneigte sich jeder ehrfurchtsvoll und machte ihr Platz. Nachdem Anuschka das Kreuzeszeichen gemacht hatte, schaute sie nach rechts, wo der junge Prinz stand, aber errötend wandte sie sich schnell um, denn ihre Augen waren seinem sehnsuchtsvollen Blick begegnet. Das Herz begann ihr zu klopfen, und sie wurde von einer solchen Angst erfasst, dass sie sich lieber zu Hause in der Küche gesehen hätte.

Nach der Wandlung erhob sie sich schnell, schlüpfte durch die Menge und lief nach Hause. Der Prinz eilte ihr nach, so gut er konnte, erblickte sie jedoch nicht mehr. Er war tieftraurig, dass er sie nicht erreicht hatte, und dazu wusste er nicht einmal, wer sie war und woher sie kam. Doch er verlor noch nicht den Mut und wartete geduldig auf den nächsten Sonntag. Aschenbrödel aber war längst zu Hause.

»Nun, hast du auch die Fürstin gesehen?«, fragten sie die Schwestern, als sie aus der Kirche ins Haus kamen.

»Freilich habe ich sie gesehen, ich saß oben am Pförtchen«, entgegnete Anuschka.

Und sogleich ließen die Stiefschwestern das Pförtchen niederreißen. Und wieder ward die ganze Woche nur von dem Prinzen und der unbekannten Schönen gesprochen. Anuschka freute sich schon auf den Sonntag und konnte ihre Gedanken nicht von dem jungen Prinzen wenden.

Früher als sonst begaben sich alle am dritten Sonntag in die Kirche. Anuschka hatte schon vorher die Stiefmutter angebettelt, mit zur Messe gehen zu dürfen. Diese aber hatte nur Schimpfen für sie übrig und schüttete obendrein noch Hanfsamen in einen Bottich, der voller Asche war, und befahl ihr, die Samenkörner wieder auszuklauben. Das arme Aschenbrödel nahm es ohne zu murren hin, denn sie hatte nur eines im Sinn, nämlich wieder als unbekannte Dame in die Messe zu gehen. Kaum waren alle aus dem Tor getreten und auf dem Weg zur Kirche, da nahm Aschenbrödel die dritte Nuss, und in der fand sie Kleider von Perlenfarbe, reich mit Gold gestickt, einen Schleier mit einem goldenen Rand, ein Stirnband von Rubinen und goldgestickte Schuhe. Inzwischen waren auch die Tauben wieder herbeigeflattert, und als Aschenbrödel mit dem Ankleiden fertig war, da hatten auch die lieben Tauben die Samenkörner fein und ordentlich aus der Asche ausgelesen. Sie dankte es den hilfreichen Vögeln von ganzem Herzen, verhüllte ihr Gesicht mit dem kostbaren Schleier, tauchte die Finger in die Weihwasserschale und sprach dabei wie bei den letzten Malen: »Nebel sei vor mir, Nebel sei hinter mir, der Herrgott selbst sei über mir«, und eilte so schnell wie möglich zur Kirche.

Dauernd schon schaute der junge Prinz zur Kirchentür und ungeduldig wartete er, wann die schöne Unbekannte wohl eintreten werde. »Diesmal wird sie mir nicht entkommen«, dachte er bei sich, »ich muss sie sehen und wissen, wer sie ist.« Er hatte sich nämlich eine kleine List ausgedacht. Zwei mit Kiefernstämmen beladene Wagen standen unweit der Kirche, und die Knechte hatten den Auftrag, die Straße mit den Stämmen zu versperren, sobald die Frau in die Kirche eingetreten sei. Der Prinz dachte nämlich, er könne sie einholen, ehe sie über die dicken Kiefernstämme gestiegen sei.

Als nun Anuschka in die Kirche gekommen war, kniete sie nieder und begann andächtig zu beten, und nachdem sie noch mit einem kleinen Äuglein auf den jungen Prinzen geschaut hatte, eilte sie aus der Kirche heraus und erblickte vor sich die vielen Kiefernstämme, die ihr im Weg waren. Doch sie machte sich gar nichts daraus, schürzte das Perlenkleid und war im Nu wie eine Fliege schon auf der anderen Seite; aber ein Schuh von ihr blieb in dem Kieferngehölz stecken. Der Prinz kam sogleich aus der Kirche heraus, und als er den kleinen goldgestickten Schuh erblickte, hob er ihn traurig auf und nahm ihn an sich. Da kam eine alte Bettlerin herangeschlichen und flüsterte: »Gnädiger Prinz, diese unbekannte Frau ist die Tochter aus jenem Hause, ich kenne sie.« Dabei wies sie mit dem Finger nach dem Haus von Anuschkas Vater. Und ehe der Prinz sich umsah, war die Bettlerin fort. Er aber ging geradewegs auf das besagte Haus zu.

Mittlerweile legte Anuschka das Kleid und den Schmuck in die Nuss zurück und machte sich bittere Vorwürfe über ihren Auftritt in der Kirche. Die Schwestern kamen nach Hause, aber sie stellte weder eine Frage, noch gab sie eine Antwort. Als man sich eben zum Mittagsessen hinsetzte, da fuhr ein schöner Wagen, von vier prächtigen Pferden gezogen, in den Hof, und drinnen saß der junge Prinz höchstpersönlich. Der Vater lief schnell hinaus, aber schon trat der junge Herr in die Stube.

»Ist es wahr, dass Ihr eine Tochter habt?«, fragte er, nachdem er gegrüßt hatte.

»Ja, das haben wir, gnädiger Prinz«, antwortete die Frau eilfertig und gab dem Mann einen Wink, er solle schweigen.

»Als ich heute aus der Kirche ging, fand ich einen Schuh und beschloss bei mir, dass diejenige, welche imstande ist, diesen Schuh anzuziehen, meine Gattin werden soll. Wo ist Eure Tochter?«

»Verzeiht, gnädiger Herr! Sie ist sehr schüchtern und würde kaum in Eurer Gegenwart den Schuh anziehen wollen. Gebt mir ihn in die Hand, ich gehe damit zu ihr in die Kammer.«

Der Prinz reichte ihn ihr und glaubte schon gewonnen zu haben. Die Mutter nahm also den Schuh und ging in die Kammer, wo die Töchter schon neugierig warteten, bis sie sie rufen werde. Sie erzählte ihnen alles und hielt den Schuh empor. Baruschka ergriff ihn, um ihn als erste anzuziehen, aber der Fuß war beinahe um die halbe Ferse größer. Da riet die Mutter ihr, ein Stück der Ferse abzuschneiden; Baruschka war einverstanden, ließ sich ein Stück der Ferse abschneiden und zog den Schuh an. Dann schmückte sie sich und putzte sich heraus und ging zum Prinzen. Nachdem dieser sich überzeugt hatte, dass sie den richtigen Schuh angezogen hatte, konnte er nichts mehr einwenden, obwohl es ihm schien, dass sie ein wenig klein und nicht so schön war, wie er sich die fremde Frau vorgestellt hatte. Mit Freuden gaben ihr die Eltern den Segen, und der Prinz setzte sich mit seiner

Braut und ihrer Mutter in den Wagen. Er hatte aber ein Hündchen, das ihn überallhin begleitete. Nachdem sie nun ein Stück Weges gefahren waren, begann das Hündchen zu bellen: »Haff, haff, haff, unser Herr führt eine Frau ohne Fersen mit sich!« Sogleich wandte sich der Prinz an seine Braut und befahl ihr, den Schuh auszuziehen. Ganz blass tat die Braut, was des Prinzen Wille war, und zeigte ihm eine verbundene Ferse.

»Du Betrügerin, so wolltest du mich also hintergehen? Gehe mir augenblicklich aus den Augen. Und du«, wandte er sich zur Mutter, »sage mir, wo die Frau ist, der dieser Schuh gehört! Sie soll sich in deinem Haus verstecken, sagt man.«

»Ach, verzeiht, gnädiger Herr. Ich kann nichts dafür, sie wollte nicht gehen und schickte ihre Schwester; und sie ist noch schüchterner. Aber wenn ihr befehlt, so will ich Euch zu Willen stehen.«

Sie nahm also den Schuh und ging zu Dorotka; insgeheim dachte sie, zum zweiten Mal werde es ihr gelingen. Doch Dorotka konnte der Zehe wegen den Schuh nicht anziehen. Gern ließ diese sich auf Anraten der Mutter die Zehe abschneiden, und die Mutter führte sie darauf zum Prinzen. Obwohl sie der Höhe nach genauso groß war wie die unbekannte Dame in der Kirche und auch vom Antlitz schöner als Baruschka, gefiel sie doch dem Prinzen nicht. Trotzdem nahm er sie in seinem Wagen mit sich. Und schon begann wieder das Hündchen zu bellen: »Haff, haff, haff, unser Herr führt eine Frau ohne Zehe mit sich!« Da herrschte der Prinz wie beim ersten

Mal die Braut an, und der Schuh musste vom Fuß; und er sah, dass ihr in der Tat die Zehe fehlte.

»Ihr schändlichen Frauen, so betrügt ihr mich!«, schrie da der Prinz. »Wen habt ihr denn in eurem Haus versteckt?«

»Oh Herr, außer einigen Mägden ist niemand hier.«

»Und wo sind sie? Führt sie her!«

Der Mann lief, am ganzen Leib zitternd, um das Hausgesinde zu rufen, und er hätte auch gern Anuschka vorgeführt, aber er fürchtete sich vor seiner Frau. Als der Prinz die pausbäckigen, untersetzten Dienstmägde sah, schüttelte er nur den Kopf.

»Und ein anderes Frauenzimmer habt ihr nicht im Haus?«, fragte er und ärgerte sich, dass die Bettlerin ihn in die Irre geführt hatte.

»Wir haben noch eine Tochter, gnädiger Herr«, antwortete der Vater mit furchtsamer Stimme, »aber sie ist immer so schmutzig und einfältig, unser Aschenbrödel, dass sie gar nicht unter die Leute geht.«

»Wo ist sie? Führt sie zu mir!«

»Vielleicht hat sie sich irgendwo versteckt. Ich werde sie holen.«

Anuschka befand sich weder in der Küche noch im Hof, sondern saß auf dem Dachboden auf der Truhe und weinte, dass es einen dauerte, als der Vater dort eintrat und ihr sagte, der Prinz wolle sie sehen.

»So wartet unten ein Weilchen, Vater«, sprach sie, »ich will mich nur etwas zurechtmachen.

Der Vater ging, und Anuschka begann, das goldgestickte Perlenkleid anzuziehen. Das Herz klopfte ihr heftig, und eine gewisse Hoffnung spiegelte sich auf ihrem Gesicht. Was wird er mir sagen? Wird er mich bestrafen, dass ich arme Magd ein solches Kleid angezogen und ihn getäuscht habe? Das waren ihre Gedanken, als sie vom Dachboden nach unten schritt.

»Um Himmels willen, woher hast du diese Kleider?«, fragte der Vater, sowie er sie erblickte. Sie sagte nichts, verhüllte dann ihr Gesicht mit dem Schleier und ging mit dem Vater in den Hof, wo der Prinz ungeduldig wartete.

»Warum verbirgst du dein schönes Gesicht und fliehst vor mir«, begann er, »ich sehne mich ja danach, dir endlich ins Gesicht blicken zu können.«

»Ach gnädiger Herr«, erwiderte sie, »redet nicht so mit mir. Ihr irrt Euch. Dies ist mein Vater, und ich bin nur ein armes Mädchen.« Dabei lüftete sie den Schleier, und schon war es um den Prinzen geschehen. Amors Pfeil hatte ihn im Innersten getroffen.

»Dass es unsere Tochter ist, das ist die reine Wahrheit«, drängte sich die Mutter wieder vor, und es kochte in ihr der Zorn, dass das verhasste Aschenbrödel vielleicht die Gemahlin des Prinzen werden sollte. »Aber woher sie diese Kleidung genommen hat, weiß ich nicht. Sprich, du ungeratenes Ding! Wer gab dir diese Kleider?«

»Herr, mein Vater brachte mir vom Markt drei Nüsse mit, und darin waren die Kleider. Ich zog sie an, um sonntags in die Kirche zu gehen, da ich glaubte, niemand werde mich darin erkennen. Dass daraus solch ein Ärgernis entstehen würde, habe ich mir nicht gedacht.«

»Fürchte dich nicht, Liebste«, so dann der Prinz, »es wird dir nichts Schlimmes geschehen. Hier hast du meine Hand, und wenn ich dir gefalle, so komme mit mir.« Bei diesen Worten war Anuschka wie benommen: Sowie ihr aber der Prinz die Hand reichte, legte sie gern die ihrige hinein.

Als die neidischen Schwestern sahen, dass das von ihnen verachtete Aschenbrödel die Gemahlin des Prinzen werden würde, begannen sie zu weinen, und fielen ihr heuchlerisch um den Hals, als möchten sie sie ungern verlieren. Nur der Vater gab ihr mit Freuden seinen Segen und wünschte ihr aus aufrichtigem Herzen Glück. Sobald nun Anuschka in den Wagen stieg, kam das Hündchen und bellte: »Haff, haff, haff, unser Herr führt uns eine wunderschöne Frau nach Hause. Es ist endlich die richtige Braut!«

Als Anuschka mit dem Fürsten im Wagen aus den Augen aller entschwunden war, wandte sich die gesamte Wut der Schwestern und der Mutter gegen den armen Vater, und sie schütteten ihre Schimpfworte nur so über ihn aus und drängten ihn, auch für sie Nüsse, die Anuschka das große Glück gebracht hatten, vom selben Haselstrauch zu pflücken

Um das Gekreische und die Anfeindungen der drei Frauen nicht mehr hören zu müssen, ging der arme Vater lieber aus dem Haus und nahm sich vor, ihnen die Nüsse zu bringen. Er begab sich also zu dem verzauberten Haselnussstrauch, dessen Zweig ihn damals gestreift hatte, und pflückte drei Nüsse ab. Dabei fasste er aber gleich den Plan, zu Anuschka zu gehen und nie wieder zu seinem alten Zuhause zurückzukehren, sobald er die Nüsse übergeben haben würde. Als die Stieftöchter und die Mutter den Vater vom Haselstrauch zurückkommen sahen, liefen sie ihm entgegen, denn sie dachten, dass er gewiss die herrlichen Kleider bringe. Hastig rissen sie ihm die Nüsse aus der Hand, und jede machte eine auf. Aber siehe da! Aus jeder Nuss sprang eine drei Ellen lange Schlange heraus, wandt sich einer jeden um den Hals und erwürgte sie. Ganz blau fielen sie zur Erde, diese öffnete sich und nicht die geringste Spur blieb von ihnen zurück. Und niemand vergoss auch nur eine Träne über sie. Der Prinz aber liebte seine Anuschka mehr und mehr und bereute es zeitlebens nicht, sie zur Gemahlin erwählt zu haben.

17.
Dezember

Das Versprechen

Maud Lindsay

Es war einmal ein Harfner, der machte so eine wunderschöne Musik und sang so herrliche Lieder, dass sich sein Ruhm über das ganze Land verbreitete. Schließlich hörte sogar der König von ihm und sandte Boten aus, um ihn in seinen Palast holen zu lassen. »Ich mag weder essen noch schlafen, bevor ich dir nicht ins Antlitz gesehen und einen Ton deiner Harfe gehört habe.«

So lautete die Botschaft, die der König dem Harfner bringen ließ. Die Boten sagten sie sich immer und immer wieder vor, bis sie sie auswendig konnten, und als sie zum Haus des Harfners kamen, riefen sie: »Sei gegrüßt, Harfner. Komm heraus und höre, denn wir haben dir etwas zu erzählen, was dich sehr froh machen wird.«

Als der Harfner aber die Botschaft des Königs vernommen hatte, ward er traurig, denn er hatte eine Frau und ein Kind und einen kleinen, braunen Hund, und er war betrübt, sie zu verlassen, und auch sie waren bekümmert, ihn weggehen zu sehen. »Bleib doch bei uns«, flehten sie ihn an, aber der Harfner sagte: »Ich muss gehen, denn es wäre unhöflich, den König zu enttäuschen. Aber so sicher, wie die Beeren der Stechpalme rot sind und die Kiefer grün ist, werde ich an Weihnachten zurück sein, um meine Portion Plumpudding zu essen und die Weihnachtslieder an meinem heimischen Kamin zu singen.«

Und als er das versprochen hatte, hängte er sich seine

Harfe auf den Rücken und ging mit den Boten von dannen zum Palast des Königs. Dort hieß ihn der König sogleich freudig willkommen, und man machte vielerlei Dinge zu seiner Ehre: Er schlief in einem Bett voll sanftester Daunen und speiste aus einem Teller von Gold an der Tafel des Königs selbst. Und wenn er sang, rührte sich niemand von der Stelle, angefangen vom König selbst bis zu der Maus in der Speisekammer. Was auch immer er jedoch tat, ob er feierte oder ruhte, ob er sang oder sich Lobpreisungen für seine Musik anhörte, niemals vergaß er das Versprechen, das er seiner Frau, seinem Kind und seinem kleinen, braunen Hund gegeben hatte.

Als nun der Tag vor Weihnacht kam, nahm er seine Harfe zur Hand und ging, um dem König Lebewohl zu sagen. Der König war aber gar nicht geneigt, ihn ziehen zu lassen, und sprach zu ihm: »Ich werde dir ein Pferd schenken, das ist so weiß wie Milch, so glänzend wie Seide und so flink wie ein Hirsch, wenn du bleibst, um zu Weihnachten vor meinem Thron zu spielen und zu singen.«

»Ich kann nicht bleiben«, antwortete der Harfner, »denn ich habe eine Frau und ein Kind und einen kleinen, braunen Hund, und ich habe ihnen versprochen, Weihnachten bei ihnen zu Hause zu sein, um meine Portion Plumpudding zu essen und die Weihnachtslieder am heimischen Kamin zu singen.«

»Wenn du bleibst, um zu Weihnachten vor meinem Thron zu spielen und zu singen«, so dann der König, »werde ich dir einen wunderbaren Baum zum Geschenk machen, der im Sommer wie im Winter nie seine Blätter verliert. Und wann immer du auch diesen Baum schüttelst, wird Silber und Gold für dich hinunterfallen.«

»Ich darf nicht bleiben«, entgegnete ihm aber der Harfner, »denn meine Frau und mein Kind und mein kleiner, brauner Hund warten auf mich, und ich habe ihnen versprochen, Weihnachten zu Hause zu sein, um meine Portion Plumpudding zu essen und die Weihnachtslieder am heimischen Kamin zu singen.«

»Wenn du an Weihnachten bleibst«, sprach da der König, »und nur eine einzige Weise spielst und nur ein einziges Lied singst, werde ich dir ein Gewand aus Seide geben, und du darfst hier neben mir sitzen mit einem Ring an deinem Finger und einer Krone auf deinem Haupt.«

»Ich werde nicht bleiben«, war aber die Antwort des Harfners, »denn meine Frau und mein Kind und mein kleiner, brauner Hund warten auf mich, und ich habe ihnen versprochen, Weihnachten zu Hause zu sein, um meine Portion Plumpudding zu essen und die Weihnachtslieder am heimischen Kamin zu singen.«

Und er warf seinen alten Umhang um sich, hängte sich seine Harfe auf den Rücken und verließ den Palast des Königs, ohne ein Wort zu sagen. Er war noch nicht weit gegangen, als die kleinen Schneeflocken kamen und vom Himmel herabrieselten. »Harfner, bleib«, schienen sie zu sagen, »tu dich hinaus nicht wagen.«

Der Harfner aber sagte: »Der Schnee mag fallen, aber ich muss gehen, denn ich habe eine Frau und ein Kind und einen kleinen Hund, und ich habe ihnen versprochen, Weihnachten zu Hause zu sein, um meine Portion Plumpudding zu essen und die Weihnachtslieder am heimischen Kamin zu singen.«

Dann fiel der Schnee dichter und stärker. Die Hügel und die Täler, die Hecken und Mulden waren weiß. Man konnte keine Pfade mehr erkennen, und es gab Schneewehen an des Königs Straße, die waren so hoch wie Berge. Der Harfner stolperte und fiel, aber zurück zum Palast, das wollte er nicht. Und als er so seines Weges zog, begegnete ihm der Wind. »Bruder Harfner, kehr um, ich bitte dich«, sprach dieser, »reise heute nicht weiter.«

Der Harfner aber beherzigte seinen Rat nicht. »Der Schnee mag fallen und der Wind mag heulen, aber ich muss weitergehen«, so sagte er, »denn ich habe eine Frau und ein Kind und einen kleinen, braunen Hund, und ich habe ihnen versprochen, Weihnachten zu Hause zu sein, um meine Portion Plumpudding zu essen und die Weihnachtslieder am heimischen Kamin zu singen.«

Dann blies der Wind eine eisige Bö. Der Schnee gefror am Boden, und das Wasser in den Flüssen wurde zu Eis. Auch der Atem des Harfners gefror in der Luft, und von den Felsen herab an des Königs Straße hingen Eiszapfen, die waren so lang wie das Schwert des Königs. Dem Harfner schauderte, und er schüttelte sich, aber umkehren wollte er nicht. Und mit der Zeit kam er auch zu dem Wald, der in der Mitte zwischen dem Königspalast und seinem Haus lag. Die Bäume im Wald knackten und bogen sich im Sturm, und jeder von ihnen schien zu sagen: »Finsternis bricht herein, die Nacht ist nah, Harfner, halt an, wag dich nicht hier herein.«

Der Harfner aber wollte nicht stehen bleiben. »Der Schnee mag fallen«, sagte er sich, »und der Wind mag blasen und die Nacht mag hereinbrechen, aber ich habe versprochen, an Weihnachten zu Hause zu sein, um meine Portion Plumpudding zu essen und die Weihnachtslieder am heimischen Kamin zu singen. Ich muss weiterziehen.« Und er ging weiter, bis der letzte Schimmer des Tageslichts schwand, und jetzt herrschte allenthalben tiefe Finsternis. Der Harfner fürchtete sich aber vor der Dunkelheit nicht. »Wenn ich nicht sehen kann, so kann ich doch singen«, sagte er, und froh erklang seine Stimme im dunklen Forst:

»Gloria, Gloria in excelsis deo!
Gesegnet sei Gottes Name,
Denn am Morgen des Christfests
Kam das Jesuskind auf die Welt.

Es hatte keine Kleider an, keine Krone aus Gold
War auf seinem Kopf an diesem Morgen,
Aber Heroldsengel sangen vor Freude,
Sie verkündeten eines Königs Geburt.«

Da hörte der Schnee auf zu fallen, der Wind hörte auf zu blasen, die Bäume des Waldes neigten sich, um zu hören, und ... Siehe! Als er so sang, da wandelte sich die Finsternis in ein wundersames Licht, und dicht vor sich sah der

Harfner den offenen Eingang seines Hauses. Die Frau und das Kind und der kleine, braune Hund schauten heraus und warteten, und groß war die Freude, als sie ihn willkommen hießen. Die Beeren der Stechpalme waren rot in den Weihnachtskränzen, der Weihnachtsbaum war eine junge, grüne Kiefer, der Plumpudding war prall voller Pflaumen, und der Harfner war glücklicher als ein König, als er so am heimischen Kamin saß und sang:

»*Gloria, Gloria in excelsis deo!*
Wir preisen Gottes heiligen Namen.
Denn das Jesuskind ward geboren,
Um uns seine wundervolle Liebe zu bringen.

Und in unseren Herzen erscheint von Neuem,
Während wir an Seinem Throne beten,
Dieser frohe Weihnachtstag.
Gott segne uns alle um Jesus willen.«

18.

Dezember

Als ich die Christtags-
freude holen ging

Peter Rosegger

In meinem zwölften Lebensjahre wird es gewesen sein, als am Frühmorgen des heiligen Christabends mein Vater mich an der Schulter rüttelte: ich solle aufwachen und zur Besinnung kommen, er habe mir etwas zu sagen. Die Augen waren bald offen, aber die Besinnung! Als ich unter der Mithilfe der Mutter angezogen war und bei der Frühsuppe saß, verlor sich die Schlaftrunkenheit allmählich, und nun sprach mein Vater: »Peter, jetzt hör, was ich dir sage. Da nimm einen leeren Sack, denn du wirst was heimtragen. Da nimm meinen Stecken, denn es ist viel Schnee, und da nimm eine Laterne, denn der Pfad ist schlecht, und die Stege sind vereist. Du musst hinabgehen nach Langenwang. Den Holzhändler Spreitzegger zu Langenwang, den kennst du, der ist mir noch immer das Geld schuldig, zwei Gulden und sechsunddreißig Kreuzer für den Lärchenbaum. Ich lass ihn bitten drum; schön höflich anklopfen und den Hut abnehmen, wenn du in sein Zimmer trittst. Mit dem Geld gehst nachher zum Kaufmann Doppelreiter und kaufst zwei Maßel Semmelmehl und zwei Pfund Rindsschmalz und um zwei Groschen Salz, und das tragst heim.«

Jetzt war aber auch meine Mutter zugegen, ebenfalls schon angekleidet, während meine sechs jüngeren Geschwister noch ringsum an der Wand in ihren Bettchen schliefen. Die Mutter, die redete drein wie folgt: »Mit

Mehl und Schmalz und Salz allein kann ich kein Christ-tagsessen richten. Ich brauch dazu noch Germ (Hefe) um einen Groschen, Weinbeerln um fünf Kreuzer, Zucker um fünf Groschen, Safran um zwei Groschen und Neu-gewürz um zwei Kreuzer. Etliche Semmeln werden auch müssen sein.«

»So kaufst es«, setzte der Vater ruhig bei. »Und wenn dir das Geld zu wenig wird, so bittest den Herrn Doppel-reiter, er möcht die Sachen derweil borgen, und zu Ostern, wenn die Kohlenraitung (Verrechnung für Holz-kohle) ist, wollt ich schon fleißig zahlen. Eine Semmel kannst unterwegs selber essen, weil du vor Abend nicht heimkommst. Und jetzt kannst gehen, es wird schon fünf Uhr, und dass du noch die Achter-Mess erlangst zu Langenwang.«

Das war alles gut und recht. Den Sack band mir mein Vater um die Mitte, den Stecken nahm ich in die rechte Hand, die Laterne mit der frischen Unschlittkerze in die linke, und so ging ich davon, wie ich zu jener Zeit in Wintertagen oft davongegangen war. Der durch wenige Fußgeher ausgetretene Pfad war holperig im tiefen Schnee, und es ist nicht immer leicht, nach den Fußstap-fen unserer Vorderen zu wandeln, wenn diese zu lange Beine gehabt haben. Noch nicht dreihundert Schritt war ich gegangen, so lag ich im Schnee, und die Laterne, hin-geschleudert, war ausgelöscht. Ich suchte mich langsam zusammen, und dann schaute ich die wunderschöne Nacht an. Anfangs war sie ganz grausam finster, allmäh-lich hub der Schnee an, weiß zu werden und die Bäume schwarz, und in der Höhe war helles Sternengefunkel. In den Schnee fallen kann man auch ohne Laterne, so stellte ich sie seithin unter einen Strauch, und ohne Licht ging's nun besser als vorhin.

In die Talschlucht kam ich hinab, das Wasser des Fresenbaches war eingedeckt mit glattem Eis, auf welchem, als ich über den Steg ging, die Sterne des Himmels gleichsam Schlittschuh liefen. Später war ein Berg zu übersteigen; auf dem Pass, genannt der »Höllkogel«, stieß ich zur wegsamen Bezirksstraße, die durch Wald und Wald hinabführt in das Mürztal. In diesem lag ein weites Meer von Nebel, in welches ich sachte hineinkam, und die feuchte Luft fing an, einen Geruch zu haben, sie roch nach Steinkohlen; und die Luft fing an, fernen Lärm an mein Ohr zu tragen, denn im Tal hämmerten die Eisenwerke, rollte manchmal ein Eisenbahnzug über dröhnende Brücken.

Nach langer Wanderung ins Tal gekommen zur Landstraße, klingelte Schlittengeschelle, der Nebel ward grau und lichter, sodass ich die Fuhrwerke und Wandersleute, die für die Feiertage nach ihren Heimstätten reisten, schon auf kleine Strecken weit sehen konnte. Nachdem ich eine Stunde lang im Tal fortgegangen war, tauchte links an der Straße im Nebel ein dunkler Fleck auf, rechts auch einer, links mehrere, rechts eine ganze Reihe – das Dorf Langenwang.

Alles, was Zeit hatte, ging der Kirche zu, denn der Heilige Abend ist voller Vorahnung und Gottesweihe. Bevor noch die Messe anfing, schritt der hagere, gebückte

Schulmeister durch die Kirche, musterte die Andächtigen, als ob er jemanden suche. Endlich trat er an mich heran und fragte leise, ob ich ihm nicht die Orgel »melken« wolle, es sei der Mesnerbub krank. Voll Stolz und Freude, also zum Dienste des Herrn gewürdigt zu sein, ging ich mit ihm auf den Chor, um bei der heiligen Messe den Blasebalg der Orgel zu ziehen. Während ich die zwei langen Lederriemen abwechselnd aus dem Kasten zog, in welchen jeder derselben allemal wieder langsam hineinkroch, orgelte der Schulmeister, und seine Tochter sang:

»*Tauet, Himmel, den Gerechten,*
Wolken, regnet ihn herab!
Also rief in bangen Nächten
einst die Welt, ein weites Grab.
In von Gott verhassten Gründen
herrschten Satan, Tod und Sünden,
fest verschlossen war das Tor
zu dem Himmelreich empor.«

Ferner erinnere ich mich, an jenem Morgen nach dem Gottesdienst in der dämmerigen Kirche vor ein Heiligenbild hingekniet zu sein und gebetet zu haben um Glück und Segen zur Erfüllung meiner bevorstehenden Aufgabe. Das Bild stellte die Vierzehn Nothelfer dar – einer wird doch dabei sein, der zur Eintreibung von Schulden behilflich ist. Es schien mir aber, als schiebe während meines Gebetes auf dem Bilde einer sich sachte hinter den andern zurück.

Trotzdem ging ich guten Mutes hinaus in den nebeligen Tag, wo alles emsig war in der Vorbereitung zum Fest, und ging dem Hause des Holzhändlers Spreitzegger zu. Als ich daran war, zur vorderen Tür hineinzugehen, wollte der alte Spreitzegger, soviel ich mir später reimte, durch die hintere Tür entwischen. Es wäre ihm gelungen, wenn mir nicht im Augenblick geschwant hätte: Peter, geh nicht zur vorderen Tür ins Haus wie ein Herr, sei demütig, geh zur hinteren Tür hinein, wie es dem Waldbauernbub geziemt. Und knapp an der hinteren Tür trafen wir uns.

»Ah, Bübel, du willst dich wärmen gehen«, sagte er mit geschmeidiger Stimme und deutete ins Haus, »na, geh dich nur wärmen. Ist kalt heut!« Und wollte davon.

»Mir ist nicht kalt«, antwortete ich, »aber mein Vater lässt den Spreitzegger schön grüßen und bitten ums Geld.«

»Ums Geld? Wieso?«, fragte er. »Ja richtig, du bist der Waldbauernbub. Bist früh aufgestanden heut, wenn du schon den weiten Weg kommst. Rast nur ab. Und ich lass deinen Vater auch schön grüßen und glückliche Feiertage wünschen; ich komm ohnehin ehzeit einmal zu euch hinauf, nachher wollen wir schon gleich werden.«

Fast verschlug es mir die Rede, stand doch unser ganzes Weihnachtsmahl in Gefahr vor solchem Bescheid.

»Bitt wohl von Herzen schön ums Geld, muss Mehl kaufen und Schmalz und Salz, und ich darf nicht heimkommen mit leerem Sack.«

Er schaute mich starr an. »Du *kannst* es!«, brummte

er, zerrte mit zäher Gebärde seine große, rote Brieftasche hervor, zupfte in den Papieren, die wahrscheinlich nicht pure Banknoten waren, zog einen Gulden heraus und sagte: »Na, so nimm derweil das, in vierzehn Tagen wird dein Vater den Rest schon kriegen. Heut hab ich nicht mehr.«

Den Gulden schob er mir in die Hand, ging davon und ließ mich stehen.

Ich blieb aber nicht stehen, sondern ging zum Kaufmann Doppelreiter. Dort begehrte ich ruhig und gemessen, als ob nichts wäre, zwei Maßel Semmelmehl, zwei Pfund Rindsschmalz, um zwei Groschen Salz, um einen Groschen Germ, um fünf Kreuzer Weinbeerln, um fünf Groschen Zucker, um zwei Groschen Safran und um zwei Kreuzer Neugewürz. Der Herr Doppelreiter bediente mich selbst und machte mir alles hübsch zurecht in Päckchen und Tütchen, die er dann mit Spagat zusammen in ein einziges Paket band und so an den Mehlsack hängte, dass ich das Ding über der Achsel tragen konnte, vorn ein Bündel und hinten ein Bündel. Als das geschehen war, fragte ich mit einer nicht minder tückischen Ruhe als vorhin, was das alles zusammen ausmache.

»Das macht drei Gulden fünfzehn Kreuzer«, antwortete er mit Kreide und Mund.

»Ja, ist schon recht«, hierauf ich, »da ist derweil ein Gulden, und das andere wird mein Vater, der Waldbauer in Alpl, zu Ostern zahlen.«

Schaute mich der bedauernswerte Mann und fragte höchst ungleich: »Zu Ostern? In welchem Jahr?«

»Na, nächste Ostern, wenn die Kohlenraitung ist.«

Nun mischte sich die Frau Doppelreiterin, die andere Kunden bediente, drein und sagte: »Lass ihm's nur, Mann, der Waldbauer hat schon öfters auf Borg genommen und nachher allemal ordentlich bezahlt. Lass ihm's nur.«

»Ich lass ihm's ja, werd ihm's nicht wieder wegnehmen«, antwortete der Doppelreiter. Das war doch ein bequemer Kaufmann! Jetzt fielen mir auch die Semmeln ein, welche meine Mutter noch bestellt hatte.

»Kann man da nicht auch fünf Semmeln haben?«, fragte ich. »Semmeln kriegt man beim Bäcker«, sagte der Kaufmann.

Das wusste ich nun gleichwohl, nur hatte ich mein Lebtag nichts davon gehört, dass man ein paar Semmeln auf Borg nimmt, daher vertraute ich der Kaufmännin, die sofort als Gönnerin zu betrachten war, meine vollständige Zahlungsunfähigkeit an. Sie gab mir zwei bare Groschen für Semmeln, und als sie nun noch beobachtete, wie meine Augen mit den reiffeuchten Wimpern fast unlösbar an den gedörrten Zwetschken hingen, die sie einer alten Frau in den Korb tat, reichte sie mir auch noch eine Handvoll dieser köstlichen Sache zu: »Unterwegs zum Naschen.«

Nicht lange hernach, und ich trabte, mit meinen Gütern reich und schwer bepackt, durch die breite Dorfgasse dahin. Überall in den Häusern wurde gemetzgert, gebacken, gebraten, gekeltert; ich beneidete die Leute nicht; ich bedauerte sie vielmehr, dass sie nicht ich waren, der, mit so großem Segen beladen, gen Alpl zog. Das wird morgen ein Christtag werden! Denn die Mutter kann's, wenn sie die Sachen hat. Ein Schwein ist ja auch geschlachtet worden daheim, das gibt Fleischbrühe mit Semmelbrocken, Speckfleck, Würste, Nieren-Lümperln, Knödelfleisch mit Kren, dann erst die Krapfen, die Zuckernudeln, das Schmalzkoch mit Weinbeerln und Safran! – Die Herrenleut da in Langenwang haben so was alle Tag, das ist nichts, aber wir haben es im Jahr einmal und kommen mit unverdorbenem Magen dazu, *das* ist was! – Und doch dachte ich auf diesem belasteten Freudenmarsch weniger noch ans Essen als an das liebe Christkind und sein hochheiliges Fest. Am Abend, wenn ich nach Hause komme, werde ich aus der Bibel davon vorlesen, die Mutter und die Magd Mirzel werden Weihnachtslieder singen; dann, wenn es zehn Uhr wird, werden wir uns aufmachen nach Sankt Kathrein und in der Kirche die feierliche Christmette begehen bei Glock', Musik und unzähligen Lichtern. Und am Seitenaltar ist das Krippel aufgerichtet mit Ochs und Esel und den Hirten, und auf dem Berg die Stadt Bethlehem und darüber die Engel, singend: Ehre sei Gott in der Höhe! – Diese Gedanken trugen mich anfangs wie Flügel. Doch als ich eine Weile die schlittenglatte Landstraße dahingegangen war, unter den Füßen knirschenden Schnee, musste ich mein Doppelbündel schon einmal wechseln von einer Achsel auf die andere.

In der Nähe des Wirtshauses »Zum Sprengzaun« kam mir etwas Vierspänniges entgegen. Ein leichtes Schlitt-

lein, mit vier feurigen, hochaufgefederten Rappen be-
spannt, auf dem Bock ein Kutscher mit glänzenden
Knöpfen und einem Buttenhut. Der Kaiser? Nein, der
Herr Wachtler vom Schlosse Hohenwang saß im Schlitten, über und über in Pelze gehüllt und eine Zigarre
schmauchend. Ich blieb stehen, schaute dem blitzschnell
vorüberrutschenden Zeug eine Weile nach und dachte:
Etwas krumm ist es doch eingerichtet auf dieser Welt: da
sitzt ein starker Mann drin und lässt sich hinziehen mit
so viel überschüssiger Kraft, und ich vermag mein Bündel kaum zu schleppen.

Mittlerweile war es Mittagszeit geworden. Durch den
Nebel war die milchweiße Scheibe der Sonne zu sehen;
sie war nicht hoch am Himmel hinaufgestiegen, denn um
vier Uhr wollte sie ja wieder unten sein, zur langen
Christnacht. Ich fühlte in den Beinen manchmal so ein
heißes Prickeln, das bis in die Brust hinaufstieg, es zitterten mir die Glieder. Nicht weit von der Stelle, wo der
Weg nach Alpl abzweigt, stand ein Kreuz mit dem
lebensgroßen Bilde des Heilands. Es stand, wie es heute
noch steht, an seinem Fuß Johannes und Magdalena, das
Ganze mit einem Bretterverschlag verwahrt, sodass es
wie eine Kapelle war. Vor dem Kreuz auf die Bank, die für
kniende Beter bestimmt ist, setzte ich mich nieder, um
Mittag zu halten. Eine Semmel, die gehörte mir, meine
Neigung zu ihr war so groß, dass ich sie am liebsten in
wenigen Bissen verschluckt hätte. Allein das schnelle
Schlucken ist nicht gesund, das wusste ich von anderen
Leuten, und das langsame Essen macht einen längeren

Genuss, das wusste ich schon von mir selber. Also beschloss ich, die Semmel recht gemächlich und bedächtig zu genießen und dazwischen manchmal eine gedörrte Zwetschke zu naschen.

Es war eine sehr köstliche Mahlzeit; wenn ich heute etwas recht Gutes haben will, das kostet außerordentliche Anstrengungen aller Art; ach, wenn man nie und nie einen Mangel zu leiden hat, wie wird man da arm.

Und wie war ich so reich damals, als ich arm war!

Als ich nach der Mahlzeit mein Doppelbündel wieder auflud, war's ein Spaß mit ihm, flink ging es voran. Als ich später in die Bergwälder hinaufkam und der graue Nebel dicht in den schneebeschwerten Bäumen hing, dachte ich an den Grabler-Hansel. Das war ein Kohlenführer, der täglich von Alpl seine Fuhre ins Mürztal lieferte. Wenn er auch heute gefahren wäre! Und wenn er jetzt heimwärts mit dem leeren Schlitten des Weges käme und mir das Bündel auflüde! Und am Ende gar mich selber! Dass es so heiß sein kann im Winter! Mitten in Schnee und Eisschollen schwitzen! Doch morgen wird alle Mühsal vergessen sein. – Derlei Gedanken und Vorstellungen verkürzten mir unterwegs die Zeit.

Auf einmal roch ich starken Tabakrauch. Knapp hinter mir ging, ganz leise auftretend, der grüne Kilian. Der Kilian war früher einige Zeit lang Forstgehilfe in den gewerkschaftlichen Wäldern gewesen, jetzt war er's nicht mehr, wohnte mit seiner Familie in einer Hütte drüben in der Fischbacher Gegend, man wusste nicht recht, was er trieb. Nun ging er nach Hause. Er hatte einen Korb auf dem Rücken, an dem er nicht schwer zu tragen schien, sein Gewand war noch ein jägermäßiges, aber hübsch abgetragen, und sein schwarzer Vollbart ließ nicht viel sehen von seinem etwas fahlen Gesicht. Als ich ihn bemerkt hatte, nahm er die Pfeife aus dem Mund, lachte laut und sagte: »Wo schiebst denn hin, Bub?«

»Heimzu«, meine Antwort.

»Was schleppst denn?«

»Sachen für den Christtag.«

»Gute Sachen? Der Tausend sapperment! Wem gehörst denn zu?«

»Dem Waldbauer.«

»Zum Waldbauer willst gar hinauf? Da musst gut anrauchen.«

»Tu's schon«, sagte ich und tauchte an.

»Nach einem solchen Marsch wirst gut schlafen bei der Nacht«, versetzte der Kilian, mit mir gleichen Schritt haltend.

»Heut wird nicht geschlafen bei der Nacht, heut ist Christnacht.«

»Was willst denn sonst tun, als schlafen bei der Nacht?«

»Nach Kathrein in die Metten gehen.«

»Nach Kathrein?«, fragte er, »den weiten Weg?«

»Um zehn Uhr abends gehen wir vom Haus fort, und um drei Uhr früh sind wir wieder daheim.«

Der Kilian biss in sein Pfeifenrohr und sagte: »Na, hörst du, da gehört viel Christentum dazu. Beim Tag ins Mürztal und bei der Nacht in die Metten nach Kathrein!

So viel Christentum hab ich nicht, aber das sage ich dir doch: Wenn du dein Bündel in meinen Buckelkorb tun willst, dass ich es dir eine Zeitlang trage und du dich ausrasten kannst, so hast ganz recht, warum soll der alte Esel nicht auch einmal tragen!«

Damit war ich einverstanden, und während mein Bündel in seinen Korb sank, dachte ich: Der grüne Kilian ist halt doch ein besserer Mensch, als man sagt.

Dann rückten wir wieder an, ich huschte frei und leicht neben ihm her.

»Ja, ja, die Weihnachten!«, sagte der Kilian fauchend, »da geht's halt drunter und drüber. Da reden sich die Leut in eine Aufregung und Frömmigkeit hinein, die gar nicht wahr ist. Im Grund ist der Christtag wie jeder andere Tag, nicht einen Knopf anders. Der Reiche, ja, der hat jeden Tag Christtag, unsereiner hat jeden Tag Karfreitag.«

»Der Karfreitag ist auch schön«, war meine Meinung.

»Ja, wer genug Fisch und Butter und Eier und Kuchen und Krapfen hat zum Fasten!«, lachte der Kilian.

Mir kam sein Reden etwas heidentümlich vor. Doch was er noch Weiteres sagte, das verstand ich nicht mehr, denn er hatte angefangen, sehr heftig zu gehen, und ich konnte nicht recht nachkommen. Ich rutschte auf dem glitschigen Schnee mit jedem Schritt ein Stück zurück, der Kilian hatte Fußeisen angeschnallt, hatte lange Beine, war nicht abgemattet – da ging's freilich voran.

»Herr Kilian!«, rief ich.

Er hörte es nicht. Der Abstand zwischen uns wurde

immer größer, bei Wegbiegungen entschwand er mir manchmal ganz aus den Augen, um nachher wieder in größerer Entfernung, halb schon von Nebeldämmerung verhüllt, aufzutauchen. Jetzt wurde mir bang um mein Bündel. Kamen wir ja doch schon dem Höllkogel nahe. Das ist jene Stelle, wo der Weg nach Alpl und der Weg nach Fischbach sich gabeln. Ich hub an zu laufen; im Angesichte der Gefahr war alle Müdigkeit dahin, ich lief wie ein Hündlein und kam ihm näher. Was wollte ich aber anfangen, wenn ich ihn eingeholt hätte, wenn ihm der Wille fehlte, die Sachen herzugeben, und mir die Kraft, sie zu nehmen? Das kann ein schönes Ende werden mit diesem Tag, denn die Sachen lasse ich nicht im Stich, und sollte ich ihm nachlaufen müssen bis hinter den Fischbacher Wald zu seiner Hütte!

Als wir denn beide so merkwürdig schnell vorwärtskamen, holten wir ein Schlittengespann ein, das vor uns mit zwei grauen Ochsen und einem schwarzen Kohlenführer langsam des Weges schliff. Der Grabler-Hansel! Mein grüner Kilian wollte schon an dem Gespann vorüberhuschen, da schrie ich von hinten her aus Leibeskräften: »Hansel! Hansel! Sei so gut, leg mir meine Christtagsachen auf den Schlitten, der Kilian hat sie im Korb, und er soll sie dir geben!«

Mein Geschrei muss wohl sehr angstvoll gewesen sein, denn der Hansel sprang sofort von seinem Schlitten und nahm eine tatbereite Haltung ein. Und wie der Kilian merkte, ich hätte hier einen Bundesgenossen, riss er sich den Korb vom Rücken und schleuderte das Bündel auf den Schlitten. Er knirschte noch etwas von »dummen Bären« und »Undankbarkeit«, dann war er auch schon davon.

Der Hansel rückte das Bündel zurecht und fragte, ob man sich draufsetzen dürfe. Das, bat ich, nicht zu tun.

So tat er's auch nicht, wir setzten uns hübsch nebeneinander auf den Schlitten, und ich hielt auf dem Schoß sorgfältig mit beiden Händen die Sachen für den Christtag. So kamen wir endlich nach Alpl. Als wir zur ersten Fresenbrücke gekommen waren, sagte der Hansel zu den Ochsen: »Oha!« und zu mir: »So!« Die Ochsen verstanden und blieben stehen, ich verstand nicht und blieb sitzen.

Aber nicht mehr lange, es war ja zum Aussteigen, denn der Hansel musste links in den Graben hinein und ich rechts den Berg hinauf.

»Dank dir's Gott, Hansel!«

»Ist schon gut, Peterl.«

Zur Zeit, da ich mit meiner Last den steilen Berg hinanstieg gegen mein Vaterhaus, begann es zu dämmern und zu schneien. Und zuletzt war ich doch daheim.

»Hast alles?«, fragte die Mutter am Kochherd mir entgegen.

»Alles!«

»Brav bist. Und hungrig wirst sein.«

Beides ließ ich gelten. Sogleich zog die Mutter mir die klingendhart gefrorenen Schuhe von den Füßen, denn ich wollte, dass sie frisch eingefettet würden für den nächtlichen Mettengang. Dann setzte ich mich in der warmen Stube zum Essen.

Aber siehe, während des Essens geht es zu Ende mit meiner Erinnerung. – Als ich wieder zu mir kam, lag ich wohlausgeschlafen in meinem warmen Bett, und zum kleinen Fenster herein schien die Morgensonne des Christtages.

19.
Dezember

Geschichte eines Pfefferkuchenmannes

Jean Paul

Es war einmal ein Pfefferkuchenmann,
von Wuchse, groß und mächtig,
und was seinen innern Wert betraf,
so sagte der Bäcker: »Prächtig«.

Auf dieses glänzende Zeugnis hin
erstand ihn der Onkel Heller
und stellte ihn seinem Patenkind,
dem Fritz, auf den Weihnachtsteller.

Doch kaum war mit dem Pfefferkuchenmann
der Fritz ins Gespräch gekommen,
da hatte er schon – aus Höflichkeit –
die Mütze ihm abgenommen.

Als schlafen ging der Pfefferkuchenmann,
da bog er sich krumm vor Schmerze:
an der linken Seite fehlte fast ganz
sein stolzes Rosinenherze!

Als Fritz tags drauf den Pfefferkuchenmann,
besuchte, ganz früh und alleine,
da fehlten, o Schreck, dem armen Kerl
ein Arm schon und beide Beine!

Und wo einst saß am Pfefferkuchenmann
die mächtige Habichtsnase,
da war ein Loch! Und er weinte still
eine bräunliche Sirupblase.

Von nun an nahm der Pfefferkuchenmann
ein reißendes, schreckliches Ende:
Das letzte Stückchen kam schließlich durch Tausch
in Schwester Margeretchens Hände.

Die kochte als sorgfältige Hausfrau draus
für ihre hungrige Puppe
auf ihrem neuen Spiritusherd
eine kräftige, leckere Suppe.

Und das geschah dem Pfefferkuchenmann,
den einst so viele bewundert
in seiner Schönheit bei Bäcker Schmidt,
im Jahre neunzehnhundert.

20.
Dezember

Väterchen Frost

Aus Russland

Es war einmal ein alter Mann und eine alte Frau, die hatten drei Töchter. Die Frau konnte die älteste nicht leiden, denn sie war ihre Stieftochter. Sie zankte mit ihr, weckte sie früh und lastete ihr alle Arbeit auf. Das Mädchen musste das Vieh tränken und füttern, Holz und Wasser tragen, den Ofen heizen und Kleider nähen. Sie musste die Hütte stets vor Tagesanbruch fegen und in Ordnung bringen. Die Alte war aber trotzdem immer unzufrieden und brummte: »Wie faul und unordentlich, der Besen steht nicht an seinem Platz, dies fehlt und jenes und die Hütte ist schmutzig.«

Das Mädchen weinte und schwieg dazu, sie versuchte alles, um die Stiefmutter zufriedenzustellen und ihren Töchtern behilflich zu sein. Die Töchter machten es aber wie die Mutter, sie kränkten Marfuschka, stritten mit ihr und wenn sie darüber weinte, so war es ihnen recht. Sie selbst standen spät auf, wuschen sich in dem vorbereiteten Wasser, trockneten sich mit reinen Handtüchern ab und machten sich erst an die Arbeit, wenn es zum Essen ging.

So wuchsen die Mädchen heran und wurden reif zur Ehe. – Rasch erzählt man, langsam erlebt man. – Dem Alten tat seine Tochter leid; er liebte sie, weil sie gehorsam war und arbeitsam: Niemals war sie eigensinnig, immer tat sie, was man ihr auftrug, ohne ein Wort der

Widerrede. Der Alte konnte aber dem Jammer nicht abhelfen, er war schwächlich, die Alte zänkisch und die Töchter faul und störrisch.

Die Alten überlegten: Er, wie die Töchter zu verheiraten seien, und sie, wie man die älteste loswerden könnte. Eines Tages sagte die Alte zu ihm: »Alter! Verheiraten wir Marfuschka!«

»Gut!«, sagte er und stieg auf den Herd.

Die Alte folgte ihm nach und sprach: »Steh morgen früh auf, spanne das Pferd vor den Holzschlitten und fahre mit Marfuschka fort. Du, Marfuschka, sammle dein Hab und Gut in ein Körbchen, ziehe ein reines Hemd an, morgen fährst du auf Besuch.«

Die gute Marfuschka war froh über das Glück und schlief die ganze Nacht süß. Frühmorgens stand sie auf, wusch sich, betete, packte alles ordentlich ein und schmückte sich. Das Mädchen war so schön wie man noch kein Bräutchen gesehen.

Es war Winter und es herrschte ein grimmiger Frost. Vor Morgengrauen stand der Alte auf, spannte das Pferd vor den Schlitten und führte es vor das Haus. Er selbst ging hinein, setzte sich auf die Bank und sagte: »Nun habe ich alles vorbereitet.«

»Setzt euch an den Tisch und esst«, sagte die Alte.

Der Brotkorb stand auf dem Tisch und er nahm ein Brot heraus, das er mit seiner Tochter teilte. Die Stiefmutter brachte mittlerweile alte Suppe und sagte: »Nun, Liebchen, iss und fort mit dir, ich musste dich lange genug ansehen! Alter, führe Marfuschka zu ihrem Bräutigam, aber gib auf den Weg acht, alter Narr, fahre erst die gerade Straße hinunter und dann biege rechts in den Wald ein – weißt du, gerade bei der großen Fichte, die auf dem Hügel steht, dort übergib Marfuschka dem Frost.«

Der Alte riss die Augen auf, sperrte den Mund auf, hörte auf zu kauen und das Mädchen heulte.

»Was gibt es da zu jammern! Der Bräutigam ist ja schön und reich! Seht nur wie viel Gut er hat: Alle Tannen und Fichten glitzern und die Birken sind voll Flaum. Ein herrlicheres Leben gibt es kaum und er selber ist ein starker Held.«

Der Alte sammelte schweigend alle Habseligkeiten zusammen, befahl der Tochter, ihr Schafpelzchen anzuziehen und machte sich auf den Weg. Ob die Reise kurz war oder lang, ist mir wirklich nicht bekannt. – Rasch erzählt man, langsam erlebt man. – Endlich erreichten sie die Fichte, bogen vom Weg ab – da stürmte gerade der Schnee. In der Einöde machte der Alte halt, befahl der Tochter auszusteigen, setzte ihr Körbchen unter eine ungeheure Fichte und sagte: »Setze dich hierher, erwarte den Bräutigam und empfange ihn nur ja freundlich.«

Daraufhin wandte er sein Pferd um und fuhr nach Hause.

Das Mädchen saß da und zitterte. Kälte durchschauerte sie. Sie wollte weinen, doch ihr fehlte die Kraft, nur die Zähne schlugen zusammen. Plötzlich hörte sie von Ferne den Frost auf einer Tanne knarren, er sprang von

Tanne zu Tanne und pfiff. Endlich war er hoch oben auf der Fichte, unter der das Mädchen saß und er fragte: »Mädchen ist dir warm?«

»Ach ja, Väterchen Frost!«

Der Frost ließ sich tiefer herab, knarrte und pfiff noch mehr als vorher: »Mädchen, sag, schönes Mädchen, ist dir warm?«

Dem Mädchen verging fast der Atem, aber sie sagte noch: »Warm ist mir, Väterchen Frost.«

Da knirschte der Frost noch mehr und pfiff: »Ist dir warm, Mädchen, ist dir warm, schönes Kind, ist dir warm mein Herzchen?«

Das Mädchen war fast erstarrt und sagte kaum hörbar: »Warm, Väterchen.«

Da hatte der Frost Erbarmen und hüllte das Mädchen in Pelze und wärmende Decken ein.

Am nächsten Morgen sagte die Alte zu ihrem Mann: »Geh, alter Narr, und wecke das junge Paar.«

Der Alte spannte sein Pferd vor den Schlitten und fuhr zu seiner Tochter. Er fand sie am Leben, eingehüllt in einen schönen Pelz und in ein seidenes Tuch, und schöne Geschenke lagen in ihrem Körbchen. Ohne ein Wort zu sagen, legte der Alte alles in seinen Schlitten, stieg mit der Tochter ein und fuhr nach Hause. Dort fiel das Mädchen der Stiefmutter zu Füßen.

Die Alte wunderte sich sehr, als sie das Mädchen am Leben sah und den neuen Pelz und den Korb voll Wäsche. »Eh, mich betrügst du nicht!«, sagte sie.

Nach einigen Tagen sagte die Alte. »Führe meine

Töchter zum Bräutigam, er wird sie noch ganz anders be-
schenken.«

Langsam erlebt man, schnell erzählt man! Am Morgen
weckte die Alte ihre Töchter, schmückte sie, wie es sich
zur Hochzeit schickt, und ließ sie ziehen.

Der Alte fuhr denselben Weg und ließ die Mädchen
bei derselben Fichte zurück.

Die Mädchen saßen und lachten. »Was fällt Mütter-
chen ein, uns plötzlich beide zu verheiraten? Als wären
bei uns im Dorf nicht Burschen genug! Wer weiß was
hier für ein Teufel kommt!«

Die Mädchen hatten große Pelze an, aber trotzdem
nagte die Kälte an ihnen.

»Paracha, mir läuft der Frost über die Haut, wenn die
Erwählten nicht bald kommen, erfrieren wir.«

»Unsinn, Mascha, seit wann kommt ein Bräutigam so
früh, jetzt ist erst Essenszeit«

»Paracha, wenn nur einer kommt, wen wird er da
nehmen.«

»Dich nicht, du Gans.«

»Dich etwa?«

»Gewiss.«

»Lass dich nicht auslachen!«

Der Frost nagte den Mädchen an den Händen. Sie versteckten ihre Hände im Pelz und begannen neuerdings:
»Du verschlafener Fratz, du böse Pest, du Lästermaul.
Spinnen kannst du nicht und ans Beten denkst du gar
nicht.«

»Oh du Prahlerin, was kannst denn du? In den Spinnstuben herumlaufen und tratschen. Warten wir es ab, wen er nimmt.«

So stritten die Mädchen und froren ernstlich. »Ei bist du blau geworden!«, sagten sie einstimmig.

Weit weg knarrte der Frost, sprang von Tanne zu Tanne und pfiff. Den Mädchen schien, als käme jemand gefahren.

»Hui, Paracha, er kommt mit Glöckchen gefahren!«

»Geh weg, Närrin, mich schüttelt der Frost.«

»Aber heiraten willst du doch?«

Sie bliesen auf ihre Finger. Der Frost kam näher und näher, endlich ließ er sich auf der Fichte über den Mädchen nieder. »Ist euch warm, Mädchen, ist euch warm, schöne Täubchen?«

»Ach, Frost, uns ist so kalt, wir sind fast erfroren. Wir erwarten den Bräutigam und der Teufel kommt nicht!«

Der Frost ließ sich tiefer herab und knarrte und pfiff noch mehr: »Ist euch warm, Mädchen, ist euch warm, meine Schönen?«

»Geh zum Teufel! Bist du blind, Hände und Füße sind uns schon abgefroren.«

Da ließ sich der Frost noch näher herab, schlug fest zu und fragte: »Mädchen, ist euch warm?«

»Geh zu allen Teufeln ins Wasser und faule, Verfluchter!«

Da waren die Mädchen erstarrt.

Am Morgen sagte die Alte zu ihrem Mann: »Spanne ein, nimm Heu in den Schlitten und warme Decken, den Mädchen wird kalt sein. Ein starker Wind ist draußen! Mach flink, alter Narr!«

Der Alte ließ sich kaum Zeit zum Frühstück, und fuhr fort. Als er zu den Töchtern kam, waren sie tot. Er lud sie auf den Schlitten, schlug sie in die Decken ein, legte das Heu darüber und kehrte heim.

Die Alte sah ihn von Weitem kommen und lief ihm entgegen: Wo sind die Kinder?«

»Im Schlitten.«

Die Alte stieß das Heu beiseite, hob die Decken auf und fand die Kinder tot. Da ging sie wie ein Gewitter über den Alten nieder und schimpfte: »Was hast du, alter Hund, getan? Mit meinen Töchterchen, meinen eigenen, süßen Sprösslingen, meinen roten Beerchen? Ich erschlage dich mit dem Besenstiel, mit dem Feuerhacken erschlage ich dich!«

»Ruhig, alte Hexe, dich lockte der Reichtum, aber deine Töchter waren widerspenstig. Ich bin nicht schuld, du wolltest es selbst!«

Die Alte war zornig und zankte noch lange, versöhnte sich aber später mit der Stieftochter und so lebten sie gut und mit Bedacht, an das Böse wurde nicht mehr gedacht. Ein Nachbar kam und freite und hielt mit Marfuschka Hochzeit. Es ging ihr gut. Der Alte nahm die Enkel in seine Hut, schüchterte mit dem Frost sie ein und hieß sie willig und fleißig sein. Ich war bei der Hochzeit, trank Honigbier. Es kam mir nicht in den Mund, nur über den Schnurrbart floss es mir.

21.
Dezember

Von guten Mächten

Dietrich Bonhoeffer

Von guten Mächten treu und still umgeben,
behütet und getröstet wunderbar,
so will ich diese Tage mit euch leben
und mit euch gehen in ein neues Jahr.

Noch will das Alte unsre Herzen quälen,
noch drückt uns böser Tage schwere Last.
Ach Herr, gib unsern aufgeschreckten Seelen
das Heil, für das du uns geschaffen hast.

Und reichst du uns den schweren Kelch, den bittern
des Leids, gefüllt bis an den höchsten Rand,
so nehmen wir ihn dankbar ohne Zittern
aus deiner guten und geliebten Hand.

Doch willst du uns noch einmal Freude schenken
an dieser Welt und ihrer Sonne Glanz,
dann wolln wir des Vergangenen gedenken,
und dann gehört dir unser Leben ganz.

Lass warm und hell die Kerzen heute flammen,
die du in unsre Dunkelheit gebracht,
führ, wenn es sein kann, wieder uns zusammen.
Wir wissen es, dein Licht scheint in der Nacht.

Wenn sich die Stille nun tief um uns breitet,
so lass uns hören jenen vollen Klang
der Welt, die unsichtbar sich um uns weitet,
all deiner Kinder hohen Lobgesang.

Von guten Mächten wunderbar geborgen,
erwarten wir getrost, was kommen mag.
Gott ist bei uns am Abend und am Morgen
und ganz gewiss an jedem neuen Tag.

22.
Dezember

Der Weihnachtsbaum

Joachim Ringelnatz

Es ist eine Kälte, dass Gott erbarm!
Klagte die alte Linde,
Bog sich knarrend im Winde
Und klopfte leise mit knorrigem Arm
Im Flockentreiben
An die Fensterscheiben.
Es ist eine Kälte! Dass Gott erbarm!
Drinnen im Zimmer war's warm.
Da tanzte der Feuerschein so nett
Auf dem weißen Kachelofen Ballett.

Zwei Bratäpfel in der Röhre belauschten,
Wie die glühenden Kohlen
Behaglich verstohlen
Kobold- und Geistergeschichten tauschten.
Dicht am Fenster im kleinen Raum
Da stand, behangen mit süßem Konfekt,
Vergoldeten Nüssen und mit Lichtern besteckt,
Der Weihnachtsbaum.

Und sie brannten alle, die vielen Lichter,
Aber noch heller strahlten am Tisch
(Es lässt sich wohl denken
Bei den vielen Geschenken)
Drei blühende, glühende Kindergesichter. –
Das war ein Geflimmer
Im Kerzenschimmer!

Es lag ein so lieblicher Duft in der Luft
Nach Nadelwald, Äpfeln und heißem Wachs.
Tatti, der dicke Dachs,
Schlief auf dem Sofa und stöhnte behaglich.

Er träumte lebhaft, wovon, war fraglich,
Aber ganz sicher war es indessen,
Er hatte sich schon (die Uhr war erst zehn)
Doch man musste 's gestehn,
Es war ja zu sehn,
Er hatte sich furchtbar überfressen. –

Im Schaukelstuhl lehnte der Herzenspapa
Auf dem nagelneuen Kissen und sah
Über ein Buch hinweg auf die liebe Mama,
Auf die Kinderfreude und auf den Baum.

Schade, nur schade,
Er bemerkte es kaum,
Wie schnurgerade
Die Bleisoldaten auf dem Baukasten standen
Und wie schnell die Pfefferkuchen verschwanden.

– Und die liebste Mama? – Sie saß am Klavier.
Es war so schön, was sie spielte und sang,
ein Weihnachtslied, das zu Herzen drang.
Lautlos horchten die andern Vier.

Der Kuckuck trat vor aus der Schwarzwälderuhr,
Als ob auch ihm die Weise gefiel. – –
Leise, ergreifend verhallte das Spiel.

Das Eis an den Fensterscheiben taute
Und der Tannenbaum schaute
Durchs Fenster die Linde
Da draußen, kahl und beschneit
Mit ihrer geborstenen Rinde.

Da dachte er an verflossene Zeit
Und an eine andere Linde,
Die am Waldesrand einst neben ihm stand,
Sie hatten in guten und schlechten Tagen
Einander immer so lieb gehabt.

Dann wurde die Tanne abgeschlagen,
Zusammengebunden und fortgetragen.
Die Linde, die Freundin, die ließ man stehn.

Auf Wiedersehn! Auf Wiedersehn!
So hatte sie damals gewinkt noch zuletzt. –
Ja, daran dachte der Weihnachtsbaum jetzt,
Und keiner sah es, wie traurig dann
Ein Tröpfchen Harz, eine stille Träne,
Aus seinem Stamme zu Boden rann.

23.
Dezember

Zum neuen Jahr

Johann Wolfgang von Goethe

Zwischen dem Alten,
Zwischen dem Neuen
Hier uns zu freuen,
Schenkt uns das Glück,
Und das Vergangne
Heißt mit Vertrauen
Vorwärts zu schauen,
Schauen zurück.

Stunden der Plage,
Leider, sie scheiden
Treue von Leiden,
Liebe von Lust;
Bessere Tage
Sammlen uns wieder,
Heitere Lieder
Stärken die Brust.

Leiden und Freuden,
Jener verschwundnen,
Sind die Verbundnen
Fröhlich gedenk.
O des Geschickes
Seltsamer Windung!
Alte Verbindung,
Neues Geschenk!

Dankt es dem regen,
Wogenden Glücke,
Dankt dem Geschicke
Männiglich Gut,
Freut euch des Wechsels
Heiterer Triebe,
Offener Liebe,
Heimlicher Glut!

Andere schauen
Deckende Falten
Über dem Alten
Traurig und scheu;
Aber uns leuchtet
Freundliche Treue;
Sehet, das Neue
Findet uns neu.

So wie im Tanze
Bald sich verschwindet,
Wieder sich findet
Liebendes Paar;
So durch des Lebens
Wirrende Beugung
Führe die Neigung
Uns in das Jahr.

24.
Dezember

A Christmas Carol –
Ein Weihnachtslied in Prosa

Charles Dickens

Dickens' »Christmas Carol« ist Weihnachtsmärchen und Geistergeschichte in einem. Die Geschichte beginnt am Heiligen Abend des Jahres 1843, genau sieben Jahre nach dem Tod von Jacob Marley. Dieser war der Geschäftspartner und einzige Freund von Ebenezer Scrooge. Dickens beschreibt Scrooge schon gleich zu Anfang als einen Menschen, der voller Habgier ist, überall Kälte verbreitet und in dessen Leben kein Platz für Freundlichkeit, Mitleid und Nächstenliebe ist. Nach dem Tod seines Geschäftspartners Marley ist Scrooge nun der alleinige Inhaber eines Warenhauses. Scrooge hasst Weihnachten und nennt es Humbug, dummes Zeug.

Am selbigen Christabend ist er allein mit seinem Angestellten Bob Cratchit in seinem kargen Firmenbüro. Als sein Neffe ihn wie jedes Jahr am Christabend besucht, um ihn zum Weihnachtsessen einzuladen, weist er ihn schroff ab; ebenso tut er es mit zwei Gentlemen, die von ihm Spenden für die Armen haben wollen. Als einziges Weihnachtsgeschenk zwingt er sich ein soziales Zugeständnis ab: Für den Weihnachtstag gibt er seinem überarbeiteten und unterbezahlen Angestellten Bob Cratchit einen Tag bezahlten Urlaub.

Als Scrooge dann am Abend nach Hause geht, erscheint ihm dort plötzlich der Geist seines verstorbenen Teilhabers Marley. Der Geist trägt eine Kette, und daran hängen

Dinge seines früheren Lebens, wie Geldkassetten und Bör-
sen. Diese Kette habe er sich in seiner Geldgier selbst ge-
schmiedet, erklärt Marley, und Scrooge habe auch eine
solche Kette, die aber im Laufe der letzten sieben Jahre
noch viel länger geworden sei. Marley bereut sein früheres
Leben und will Scrooge auf den richtigen Weg zurückbrin-
gen, sonst werde es ihm nach seinem Tode wie ihm ergehen. Bevor er den völlig beunruhigten Scrooge verlässt,
kündigt er diesem noch den Besuch von drei weiteren
Geistern an. Dann legt sich Scrooge zu Bett.

DER ERSTE GEIST:
DER GEIST DER VERGANGENEN WEIHNACHT

In der Nacht pünktlich um ein Uhr erscheint Scrooge
der erste Geist. Dieser Geist der vergangenen Weihnacht
führt ihn zurück in seine Kindheit und Jugend und zeigt
ihm, wie er schon als Kind Weihnachten hasste und damals allein in der Schule saß, um Bücher zu lesen. Scrooge
tut der kleine Junge leid, der er selbst mal gewesen ist.
Dann wohnen er und der Geist einer ausgelassenen Be-
triebs-Weihnachtsfeier bei, in der er erleben kann, mit wie
wenig Geld Menschen glücklich sein können. Schließlich
muss er die Szene wieder erleben, wie seine Freundin, die
große Liebe seines Lebens, die Beziehung zu ihm abbricht,
weil er sich nur fürs Geschäft interessiert. Dann zeigt der
Geist ihm eine weitere Szene, die ihn erschüttert: Er sieht
seine große Liebe, wie sie mit ihrem Mann und ihren
Kindern ein glückliches Weihnachtsfest feiert. Jetzt will

Scrooge gebrochen nur noch nach Hause zurückgeführt werden.

DER ZWEITE GEIST:
DER GEIST DER DIESJÄHRIGEN WEIHNACHT

Darauf erscheint Scrooge der zweite Geist, der ihn durch die weihnachtlich geschmückten Straßen Londons führt und auch zum Haus seines Schreibers Bob Cratchit. Dort kann er ein armes, aber glückliches Weihnachtsfest sehen, das sein verarmter Schreiber im Kreis seiner Familie feiert. Es ist kaum etwas zu essen da, der jüngste Sohn Tim ist verkrüppelt und wird wegen Mangelernährung und fehlender medizinischer Betreuung wohl bald sterben, und das auch, weil Scrooge seinem Schreiber nur einen Hungerlohn bezahlt. Ebenezer Scrooge ist erschüttert und von Mitleid bewegt, zumal der Schreiber noch auf seinen Arbeitgeber anstößt, da es ja Weihnachten sei. Darauf führt ihn der Geist zu seinem Neffen, wo er ein geselliges Weihnachtsfest mit lustigen Gesellschaftsspielen sehen kann, und er bedauert es sehr, die Einladung seines Neffen ausgeschlagen zu haben.

DER LETZTE GEIST:
DER GEIST DER KÜNFTIGEN WEIHNACHT

STROPHE 4
DER GEIST

Die Erscheinung näherte sich langsam, würdevoll und schweigend. Als sie herangekommen war, fiel Scrooge auf die Knie, denn selbst die Luft, durch die der Geist schwebte, schien ein geheimnisvolles Grauen um sich zu verbreiten.

Er war in ein tiefschwarzes Gewand gehüllt, das seinen Kopf, sein Antlitz, seine Gestalt verbarg und nichts als eine ausgestreckte Hand hervorschauen ließ. Wäre diese nicht gewesen, es wäre schwergefallen, seine Gestalt von der Nacht zu unterscheiden und sie von der Dunkelheit zu trennen, die sie umgab. Als er neben ihm stand, fühlte er, dass er groß und stattlich war und dass seine geheimnisvolle Gegenwart ihn mit feierlichem Grauen erfüllte. Weiter wusste er nichts, denn weder sprach der Geist noch bewegte er sich.

»Stehe ich vor dem Geist der künftigen Weihnacht?«, wagte Scrooge zu fragen.

Der Geist antwortete nicht, sondern zeigte mit der Hand nach vorn.

»Du wirst mir die Schatten der Dinge zeigen, die noch nicht geschehen sind, aber geschehen werden in der Zeit, die vor uns liegt?«, fuhr Scrooge fort. »Wirst du das, Geist?«

Der obere Teil des Gewandes legte sich für einen Augenblick in Falten, als hätte der Geist sein Haupt geneigt. Das war die einzige Antwort, die Scrooge erhielt.

Obgleich er an gespenstische Gesellschaft inzwischen gewöhnt war, fürchtete er sich vor der schweigenden Gestalt so sehr, dass seine Knie unter ihm zitterten und er kaum noch stehen konnte, als er sich anschickte, dem Geist zu folgen. Der Geist hielt einen Moment lang inne, als würde er seinen Zustand bemerken und ihm Zeit geben wollen, sich zu sammeln.

Doch Scrooge erging es dadurch nur noch schlechter. Ein ungeahnter, unbestimmter Schrecken durchfuhr ihn bei dem Gedanken, dass sich hinter diesem schwarzen Schleier gespenstische Augen fest auf ihn hefteten, während er, obwohl er die eigenen aufs Äußerste anstrengte, doch nichts erkennen konnte als die geisterhafte Hand und eine große schwarze Masse.

»Geist der Zukunft!«, rief er aus. »Ich fürchte dich mehr als alle Geister, die ich schon gesehen habe. Da ich aber weiß, dass du die Absicht hast, mir Gutes zu tun und da ich noch zu leben hoffe, um ein anderer Mensch zu werden, als ich bisher war, bin ich willens, dich zu begleiten und tue es mit dankbarem Herzen. Willst du nicht zu mir sprechen?«

Die Gestalt gab keine Antwort. Die Hand wies gerade vor sie hin.

»Geh voran!«, sagte Scrooge. »Führe mich! Die Nacht schwindet rasch, und die Zeit ist kostbar für mich, das weiß ich. Führe mich, Geist!«

Die Erscheinung glitt von ihm fort, wie sie auf ihn zugekommen war. Scrooge folgte im Schatten ihres Gewandes, das ihn emporhob, wie er glaubte, und davontrug.

Eigentlich schienen sie die Stadt nicht zu betreten; vielmehr schien die Stadt rings um sie her in die Höhe zu wachsen und sie zu umschließen. Da waren sie auch schon mitten in ihrem Kern, an der Börse, unter Geschäftsleuten, die geschäftig hin und her eilten, mit dem

Geld in ihren Taschen klimperten, in Gruppen miteinander sprachen, auf ihre Taschenuhren sahen, gedankenverloren mit den großen, goldenen Petschaften spielten und dergleichen mehr, wie Scrooge es schon so oft gesehen hatte.

Der Geist blieb neben einer Gruppe von Geschäftsleuten stehen. Scrooge sah seine Hand auf sie hindeuten und näherte sich, um ihr Gespräch zu belauschen. »Nein«, sagte ein sehr fettleibiger Mann mit gewaltigem Doppelkinn, »ich kann dazu nicht viel sagen, so oder so. Ich weiß nur, dass er tot ist.«

»Wann starb er denn?«, erkundigte sich ein anderer.

»Vorige Nacht, glaube ich.«

»Mein Gott, was fehlte ihm denn«, mischte sich ein Dritter ein und nahm dabei eine tüchtige Prise aus einer sehr großen Schnupftabaksdose. »Ich dachte, der würde nie sterben.«

»Gott weiß, was ihm fehlte«, sagte der Erste mit einem Gähnen.

»Was hat er denn mit seinem ganzen Geld getan?«, fragte ein Herr mit rotem Gesicht und einem herabhängenden Auswuchs an der Nase, der wie der Hautlappen eines Truthahns wackelte.

»Ich habe nichts darüber gehört«, erwiderte der Mann mit dem Doppelkinn und gähnte erneut. »Hat es wahrscheinlich seiner Handelsgesellschaft hinterlassen. *Mir* hat er es jedenfalls nicht vermacht. Das wüsste ich.«

Dieser kleine Scherz wurde mit allgemeinem Gelächter erwidert.

»Es wird wohl ein sehr billiges Begräbnis«, fuhr der Dicke fort, »denn ich kenne beim besten Willen niemanden, der hingeht. Wie wäre es, wenn wir uns zusammentun und freiwillig dafür hergeben?«

»Ich habe nichts dagegen, wenn für einen Imbiss gesorgt ist«, bemerkte der Herr mit dem Auswuchs an der Nase. »Aber ich muss etwas zu essen bekommen, wenn ich mit von der Partie sein soll.«

Erneutes Gelächter.

»Nun, da bin ich wohl der Uneigennützigste unter euch«, meinte der erste Sprecher, »denn ich trage nie schwarze Handschuhe und nehme nie einen Imbiss zu mir. Aber ich gehe gerne mit, wenn sich noch andere finden. Wenn ich's mir recht überlege, war ich am Ende sein vertrautester Freund, denn sooft wir uns trafen, blieben wir stehen und plauderten ein wenig. Guten Morgen, meine Herren!«

Sprecher und Zuhörer zerstreuten sich und mischten sich unter andere Gruppen. Scrooge kannte diese Männer und blickte, eine Erklärung suchend, auf den Geist.

Dieser aber schwebte auf die Straße hinaus und zeigte mit dem Finger auf zwei Personen, die sprechend beieinanderstanden. Scrooge lauschte von neuem, in der Hoffnung, hier die Erklärung zu finden.

Er kannte auch diese Männer sehr gut. Es waren Geschäftsleute, sehr reich und von großem Einfluss. Er war stets bestrebt gewesen, von ihnen geschätzt zu werden; rein geschäftlich, versteht sich, rein geschäftlich betrachtet.

»Wie geht's?«, sagte der eine.

»Wie geht's Ihnen«, der andere.

»Gut!«, erwiderte der Erste. »Endlich hat's den alten Teufel erwischt, wie?«

»Ich hab's gehört«, antwortete der Zweite. »Kalt heute, nicht wahr?«

»Passend zur Weihnacht. Sie sind wohl kein Schlittschuhläufer, nehme ich an?«

»Nein, nein. Ich habe Wichtigeres im Kopf. Guten Morgen!«

Kein weiteres Wort. Das war ihr Treffen, ihr Gespräch und ihr Abschied.

Scrooge war zunächst geneigt, sich zu wundern, dass der Geist solchen so offenbar nichtssagenden Unterhaltungen so viel Wichtigkeit zumaß; aber da er sicher war, dass sie irgendeine verborgene Bedeutung haben müssten, zerbrach er sich den Kopf, welcher Art sie sein mochte. Die Gespräche konnten sich schwerlich auf den Tod Jacobs, seines alten Kompagnons, beziehen, denn das war die Vergangenheit, und das Gefilde dieses Geistes war die Zukunft. Auch konnte er sich niemanden sonst in seiner unmittelbaren Umgebung denken, auf den er sie hätte beziehen können. Doch in der Gewissheit, dass sie, von wem auch immer die Rede war, eine verborgene Lehre zu seiner eigenen Läuterung enthielten, nahm er sich vor, jedes Wort, das er hörte, und jede Szene, die er sah, in seinem Herzen zu bewahren und vor allem seinen eigenen Schatten genau zu beobachten, sobald er sich zeigte. Denn er hoffte, dass ihm das Verhalten seines zukünftigen Selbst den noch fehlenden Aufschluss geben und ihm die Lösung dieser Rätsel erleichtern würde.

Also suchte er an eben diesem Ort nach seinem Selbst; aber in seiner gewohnten Ecke stand ein anderer, und obwohl die Uhr die Stunde zeigte, zu der er sonst immer dort war, sah er unter den vielen, die sich durch das Portal hereindrängten, keinen, der ihm ähnlich war. Das überraschte ihn jedoch insofern wenig, als er schon lange daran gedacht hatte, sein Leben zu ändern, und nun glaubte und hoffte, in diesen Erscheinungen die Verwirklichung seiner neuen Pläne zu erkennen.

Bewegungslos und dunkel stand neben ihm der Geist mit seiner ausgestreckten Hand. Als er aus seiner tiefen Grübelei wieder zu sich kam, glaubte er, nach der Bewegung und Stellung der Geisterhand zu urteilen, dass die unsichtbaren Augen fest auf ihm ruhten. Ihn überlief ein eiskalter Schauer.

Sie verließen das geschäftige Treiben und kamen in einen abgelegenen Teil der Stadt, den Scrooge nie zuvor betreten hatte, obwohl er dessen Lage und schlechten Ruf durchaus kannte. Die Straßen waren schmutzig und eng, Läden und Häuser verkommen, die Menschen halbnackt, betrunken, liederlich und abstoßend.

Wie Kloaken ergossen Gassen und Torwege Schmutz, Gestank und Leben in die planlos verlaufenden Straßen, und das ganze Viertel schien erfüllt von Verbrechen, Unrat und Elend.

Tief in dieser Höhle des Lasters befand sich ein düsterer, windschiefer Laden, vorne von einem Wetterdach überdeckt, in dem Eisen, Lumpen, Flaschen, Knochen und schmierige Fleischabfälle feilgeboten wurden. Auf dem Fußboden innen türmten sich Haufen von verrosteten Schlüsseln, Nägeln, Ketten, Türangeln, Feilen, Waagschalen, Gewichten und altem Eisen aller Art. Rätselhafte Dinge, deren Geheimnis nur wenige gern lüften würden, brüteten verborgen unter Bergen unansehnlicher Lumpen, Massen verdorbenen Fetts und ganzen Beinhäusern von Knochen. Mitten unter diesen Waren, mit denen er handelte, saß an einem Holzkohlenofen, der aus alten Ziegeln gemacht war, ein grauhaariger, nahezu siebzigjähriger Schurke. Zum Schutz gegen die kalte Luft von draußen hatte er einen zerfetzten Vorhang aus allerlei Lappen über eine Leine gehängt und rauchte seine Pfeife im Vollgenuss des stillen Behagens.

Scrooge und der Geist begaben sich soeben in die Gegenwart dieses Mannes, als ein Weib mit einem schweren Bündel in den Laden schlich. Doch kaum war sie hereingekommen, trat ein anderes Weib, ähnlich beladen, durch die Tür; dicht gefolgt von einem Mann in einem abgetragenen schwarzen Anzug, der beim Anblick der beiden ebenso erstaunt war, wie sie es selbst gewesen waren, als sie einander kurz zuvor erkannt hatten. Nach einigen Augenblicken wortlosen Staunens, an dem sich auch der Alte mit der Pfeife beteiligte, brachen alle drei in Gelächter aus.

»Lasst dem Scheuerweib den Vortritt!«, rief das Weib, das zuerst hereingekommen war. »Dann kommt die

Wäscherin und als dritter der Gehilfe des Leichenbestatters. Schau her, das nenn' ich Zufall, alter Joe! Treffen wir drei uns hier, ohne dass wir's wollten!«

»Ihr hättet euch keinen besseren Ort aussuchen können«, sprach der alte Joe und nahm die Pfeife aus dem Mund. »Kommt ins Wohnzimmer. Ihr wisst, ihr habt seit langem das Recht dazu, und die andern beiden sind auch keine Fremden. Wartet, bis ich die Ladentür verriegelt hab'. Ha, wie die knarrt! Im ganzen Laden gibt's kein so rostiges Stück Eisen wie diese Angeln, glaub' ich, und sicher keine so alten Knochen wie meine. Haha! Wir passen alle gut zu unserm Geschäft; wir passen gut zusammen. Kommt ins Wohnzimmer, kommt ins Wohnzimmer.«

Das Wohnzimmer war die Ecke hinter dem Lumpenvorhang. Der Alte kratzte die Glut mit einer alten Läuferstange zusammen, putzte die rußige Lampe – denn es war Abend – mit seinem Pfeifenstiel und steckte diesen dann wieder in den Mund.

Während er damit beschäftigt war, warf das Weib, das gerade gesprochen hatte, ihr Bündel auf den Boden, setzte sich protzig auf einen Stuhl, stützte die verschränkten Arme auf ihre Knie und sah den beiden anderen mit dreistem Trotz ins Gesicht.

»Was tut's, Mrs Dilber? Was tut's?«, sagte das Weib. »Jeder Mensch hat ein Recht, für sich zu sorgen. Er hat es jedenfalls immer getan.«

»Das ist wohl wahr«, antwortete die Wäscherin. »Keiner tat es eifriger.«

»Na, dann steht nicht so gaffend da, als ob ihr Angst hättet, Weib! Wer wird es schon merken? Wir werden uns doch nicht die Augen aushacken, denk' ich.«

»Nein, gewiss nicht!«, sagten Mrs Dilber und der Mann gleichzeitig. »Das woll'n wir nicht hoffen.«

»Drum eben!«, fuhr das Weib fort. »Nun ist's genug! Wem schadet's, wenn wir ein paar von diesen Sachen mitnehmen? Einer Leiche gewiss nicht, oder?«

»Nein, wahrhaftig«, lachte Mrs Dilber.

»Wenn er sie nach dem Tod behalten wollte, der gottlose, alte Geizkragen«, sprach das Weib weiter, »warum war er dann zu Lebzeiten nicht besser? Wenn er's gewesen wäre, hätte er jemanden gehabt, der sich um ihn kümmert, als er dem Tod ins Auge sah, statt dass er mutterseelenallein da liegend seinen letzten Atemzug tat.«

»Das ist das wahrste Wort, das je gesprochen wurde«, bestätigte Mrs Dilber. »Das ist eine Strafe des Himmels.«

»Ich wollte, sie wär' noch etwas härter ausgefallen«, erwiderte das Weib, »und sie wär's auch, verlasst euch drauf, wenn ich noch mehr in die Finger bekommen hätte. Mach das Bündel auf, Joe, und sag mir, was es wert ist. Nur raus damit! Es stört mich nicht, dass ich die Erste bin und die zwei es sehen. Wir wussten ganz gut, dass wir gestohlen haben, denk' ich, schon bevor wir uns hier trafen. Das ist keine Sünde. Mach das Bündel auf, Joe.«

Das aber ließ die Höflichkeit ihrer Freunde nicht zu; der Mann im schäbigen Anzug sprang zuerst in die Bresche und wies seine Beute vor. Sie war nicht berühmt.

Ein, zwei Siegel, ein Federmäppchen, ein Paar Manschettenknöpfe, eine Brosche von geringem Wert, das war alles. Die Stücke wurden eins nach dem anderen vom alten Joe begutachtet und geschätzt; die Summen, die er für jedes zu zahlen bereit war, schrieb er mit Kreide an die Wand und rechnete sie zusammen, als er sah, dass nichts mehr nachkam.

»Das ist deine Bilanz«, sagte Joe, »und ich gebe keinen Sixpence mehr, selbst wenn man mich deswegen vierteilt. Wer ist der nächste?«

Mrs Dilber war die nächste. Sie hatte Bett- und Handtücher, einige Kleidungsstücke, zwei altmodische silberne Teelöffel, eine Zuckerzange und ein paar Stiefel. Ihre Bilanz wurde auf die gleiche Weise an die Wand geschrieben.

»Den Damen gebe ich immer zu viel. Eine Schwäche von mir, die treibt mich noch in den Ruin!«, jammerte der alte Joe. »Hier ist deine Bilanz. Wenn du einen Penny mehr dafür haben willst und es darauf ankommen lässt, dann bereue ich, so freigebig gewesen zu sein, und ziehe dir eine halbe Krone wieder ab.«

»Und jetzt mach mein Bündel auf, Joe«, drängte das Weib, das zuerst gekommen war.

Joe kniete nieder, um es bequemer öffnen zu können, und nachdem er Gott weiß wie viele Knoten gelöst hatte, zog er eine schwere Rolle dunklen Stoff heraus.

»Was soll das sein?«, rief Joe. »Bettvorhänge?«

»Freilich!«, versetzte das Weib lachend, indem sie sich mit verschränkten Armen vorbeugte. »Bettvorhänge!«

»Du hast sie doch nicht etwa abgenommen, mit Ringen und allem, als er dort noch lag?«, fragte Joe.

»Freilich!«, erwiderte die Alte. »Warum auch nicht?«

»Du bist geboren, dein Glück zu machen«, meinte Joe, »und wirst's noch weit bringen.«

»Ich werd' doch wegen so einem Mann, wie der war, meine Hand nicht leer einstecken, wenn ich sie nur auszustrecken brauche, um was zu kriegen. Darauf kannst du dich verlassen, Joe«, gab das Weib kühl zurück. »Und tropf' mir ja kein Öl auf die Bettdecken.«

»Seine Bettdecken?«, fragte Joe.

»Von wem sollen sie denn sonst sein?«, entgegnete das Weib.

»Er wird auch ohne die nicht frieren, behaupt' ich.«

»Ich hoffe, er starb nicht an was Ansteckendem, he?«, fragte der alte Joe, unterbrach seine Arbeit und sah auf.

»Das brauchst du nicht zu fürchten«, antwortete das Weib. »Und selbst, wenn es so wäre: So gern hatte ich ihn nicht, dass ich mich um solcher Lumpen willen lange bei ihm rumgetrieben hätte. Ha, du kannst durch das Hemd gucken, bis dir die Augen wehtun: du findest kein Loch darin und keine dünne Stelle. Es ist das Beste, das er hatte, und fein ist's auch. Sie hätten's verdorben, wenn ich nicht gewesen wäre.«

»Was willst du mit dem Verderben sagen?«, fragte der alte Joe. »Na, ihn in diesem Hemd begraben, was sonst?«, erwiderte das Weib lachend. »Es war da einer dumm genug, es ihm anzuziehen, aber ich zog's ihm wieder aus. Wenn Baumwolle dafür nicht reicht, dann weiß ich nicht, zu was sie sonst reichen soll. Sie steht einer Leiche genauso. Er kann nicht hässlicher aussehen, als er in dem da aussah.«

Scrooge lauschte dieser Unterhaltung mit Entsetzen. Wie sie da um ihre Beute herum im kargen Lampenlicht des Alten saßen, betrachtete er sie mit einem Ekel und einem Abscheu, der nicht größer hätte sein können, auch wenn es scheußliche Dämonen gewesen wären, die um die Leiche selbst feilschten.

»Haha!«, lachte dasselbe Weib, als der alte Joe einen alten Flanellbeutel herauskramte, in dem das Geld war, und jedem seinen Gewinn auf den Boden zählte. »Das ist das Ende der Geschichte, seht ihr! Er scheuchte jeden von sich, solange er lebte, um uns zu nützen, nun, da er tot ist! Hahaha!«

»Geist!«, sagte Scrooge, vom Scheitel bis zur Sohle zitternd. »Ich verstehe, ich verstehe. Das Los dieses Unglücklichen könnte das meinige sein. Mein jetziges Leben führt zu diesem Ziel. Gütiger Himmel, was ist das?«

Er fuhr entsetzt zurück, denn die Szene hatte sich verändert, und er stand dicht vor einem Bett: einem kahlen, unverhängten Bett, in dem unter einem zerrissenen Laken etwas verdeckt lag, das trotz seiner Stummheit in fürchterliche Sprache etwas verkündete.

Das Zimmer war sehr dunkel, zu dunkel, um etwas sicher erkennen zu können, obwohl sich Scrooge, einem geheimen Drang folgend, begierig umsah, um herauszufinden, was für ein Zimmer es sei. Ein fahles Licht, das von draußen hereindrang, fiel gerade auf das Bett; und auf diesem lag ungepflegt, geplündert und beraubt, unbewacht und unbeweint der Leichnam dieses Mannes.

Scrooge blickte den Geist an. Seine regungslose Hand wies auf das Haupt des Leichnams. Das Laken war so sorglos darübergebreitet, dass das geringste Verschieben, die leiseste Berührung von Scrooges Fingern das Antlitz enthüllt hätte. Er dachte daran, empfand, wie leicht es geschehen könnte, und sehnte sich, es zu tun; vermochte aber ebenso wenig den Schleier zu lüften wie den Geist an seiner Seite loszuwerden.

Oh, kalter, kalter, starrer, schrecklicher Tod; hier errichte deinen Altar und umgib ihn mit den Schrecken, über die du verfügst, denn dies ist dein Reich! Aber dem geliebten und so verehrten Haupt kannst du kein Haar krümmen in deiner üblen Absicht, noch kannst du einen Zug ihm hässlich machen. Nicht, weil die Hand so schwer ist und herabsinkt, wenn man sie fallen lässt, nicht, weil Herz und Puls stillstehen, sondern weil die Hand offen, freigebig und aufrichtig war; weil das Herz tapfer, warm und liebevoll war, und der Puls ein menschlicher. Töte, Schatten, töte! Und sieh, wie seine gute Taten aus der Wunde quellen, um unsterbliches Leben in der Welt zu säen!

Es war nicht etwa eine Stimme, die diese Worte in Scrooges Ohr flüsterte, dennoch vernahm er sie, als er auf das Bett starrte. Er dachte, wenn dieser Mann jetzt wiedererweckt werden könnte, was wären wohl seine ersten Gedanken? Geiz, Hartherzigkeit, habgierige Sorgen? Sie haben ihm wahrlich ein schönes Ende bereitet!

Da lag er nun in dem düsteren leeren Haus, und kein Mann, kein Weib, kein Kind war da, die sagen mochten: Er war gut zu mir in diesem oder jenem, und im Andenken an ein einziges freundliches Wort will ich gut zu ihm sein. Eine Katze kratzte an der Tür, und unter dem Herdstein hörte man das Geräusch nagender Ratten. Was diese im Gemach des Todes wollten und warum sie so aufgeschreckt und unruhig waren, wagte Scrooge nicht auszudenken.

»Geist!«, sprach er. »Dies ist ein schrecklicher Ort. Wenn ich ihn verlasse, werde ich seine Lehre nicht vergessen, glaube mir. Lass uns gehen!«

Immer noch wies der Geist mit regungslosem Finger auf das Haupt.

»Ich begreife, was du willst«, antwortete Scrooge, »und ich täte es, wenn ich könnte. Aber es geht über meine Kräfte, Geist. Es geht über meine Kräfte.«

Wieder schien der Geist ihn anzublicken.

»Wenn es in dieser Stadt einen Menschen gibt, der vom Tod dieses Mannes bewegt ist«, bat Scrooge erschüttert, »so zeige ihn mir, Geist, ich flehe dich an!«

Die Erscheinung breitete für einen Augenblick ihr dunkles Gewand wie eine Schwinge vor ihm aus, und als sie sie wieder wegzog, sah er ein taghelles Zimmer, in dem sich eine Mutter mit ihren Kindern befand.

Sie schien in ängstlichem Bangen auf jemanden zu warten, denn sie ging im Zimmer auf und ab, erschrak bei jedem Geräusch, sah zum Fenster hinaus, blickte nach der Uhr, versuchte vergebens, sich der Näharbeit zu widmen und konnte kaum die Stimmen der spielenden Kinder ertragen.

Endlich vernahm sie das langersehnte Klopfen und eilte zur Tür, ihrem Gatten entgegen; ein Mann, dessen Gesicht bekümmert und sorgenvoll aussah, obwohl er noch jung war. Ein seltsamer Ausdruck lag jetzt darin, eine Art ernster Freude, deren er sich schämte und die er zu unterdrücken suchte.

Er setzte sich zum Essen nieder, das man ihm am Feuer aufgehoben hatte, und als ihn die Frau nach langem Schweigen schüchtern fragte, was für Nachrichten er brächte, schien er um Antwort verlegen zu sein.

»Sind es gute«, fragte sie, um ihm zu helfen, »oder schlechte?«

»Schlechte«, erwiderte er.

»Sind wir ganz ruiniert?«

»Nein. Es besteht noch Hoffnung, Caroline.«

»Wenn *er* sich erweichen lässt«, sagte sie erstaunt, »besteht noch Hoffnung! Nichts ist hoffnungslos, wenn sich ein solches Wunder ereignet hat.«

»Für ihn ist es zu spät, sich erweichen zu lassen«, erwiderte ihr Gatte. »Er ist tot.«

Wenn ihr Gesicht nicht trog, war sie ein mildes, duldsames Geschöpf, doch in tiefster Seele war sie dankbar, als sie das hörte, ihre zusammengeschlagenen Hände zeugten davon. Schon im nächsten Augenblick bat sie um Vergebung und bereute es; aber das erste Gefühl war die Stimme ihres Herzens gewesen.

»Was mir das halbbetrunkene Weib gesagt hat, von

dem ich dir gestern erzählte, als ich ihn sprechen und um einen Aufschub von einer Woche bitten wollte, und was ich für eine leere Ausrede hielt, um mich abzuweisen, zeigt sich jetzt als reine Wahrheit. Er war damals nicht nur sehr krank, er lag bereits im Sterben.«

»Auf wen werden unsere Schulden übertragen?«

»Ich weiß es nicht. Doch bis dahin haben wir das Geld, und wenn nicht, so wäre es schon ein schlimmes Unglück, wenn sein Erbe ein ebenso unerbittlicher Gläubiger wäre. Wir können heute Nacht mit ruhigem Herzen schlafen, Caroline!«

Ja. Auch wenn sie es beschönigten: ihre Herzen waren leichter. Die Gesichter der Kinder, die sich still um ihre Eltern drängten, um zu hören, was sie so wenig verstanden, erhellten sich; und die ganze Familie war glücklicher durch den Tod dieses Mannes! Das einzige Gefühl, das dieses Ereignis hervorrief und das der Geist ihm zeigen konnte, war ein Gefühl der Freude.

»Lass mich eine zarte Empfindung sehen, die mit einem Todesfall verknüpft ist«, bat Scrooge, »oder mir wird jenes dunkle Gemach, das wir soeben verließen, immer vor Augen stehen.«

Nun führte ihn der Geist durch mehrere Straßen, durch die er oft gegangen war, und im Vorüberschweben hielt Scrooge hie und da Ausschau nach sich selbst, konnte sich aber nirgends entdecken. Sie betraten das Haus des armen Bob Cratchit, die Wohnung, die Scrooge schon früher besucht hatte, und fanden dort die Mutter mit den Kindern um das Feuer sitzen.

Stille. Tiefe Stille. Die lärmenden kleinen Cratchits saßen starr wie Salzsäulen in einer Ecke versammelt und sahen auf Peter, der ein Buch vor sich hatte. Mutter und Tochter nähten. Aber auch sie waren sehr, sehr still.

»›Jesus rief ein Kind zu sich und stellte es mitten unter sie.‹«

Wo hatte Scrooge diese Worte schon einmal gehört? Er hatte sie doch nicht geträumt! Der Knabe musste sie vorgelesen haben, als er und der Geist über die Schwelle traten. Warum fuhr er nicht fort zu lesen? Die Mutter legte ihre Arbeit auf den Tisch und hob die Hand vors Gesicht.

»Die Farbe tut mir in den Augen weh«, sagte sie.

Die Farbe? Ach, der arme Tiny Tim!

»Sie sind schon wieder besser«, sagte Cratchits Frau. »Die Farbe blendet sie bei Kerzenlicht, und ich möchte um nichts auf der Welt den Vater, wenn er heimkommt, sehen lassen, dass ich schwache Augen habe. Es muss bald seine Zeit sein.«

»Längst vorüber«, erwiderte Peter und schloss das Buch. »Aber ich glaube, Mutter, er geht jetzt etwas langsamer als früher, zumindest die letzten paar Abende.«

Sie waren wieder sehr still. Schließlich sagte sie mit ruhiger, heiterer Stimme, die nur einmal stockte:

»Ich habe ihn früher – ich – habe ihn früher mit Tiny Tim auf den Schultern immer sehr rasch gehen sehen.«

»Ich auch!«, rief Peter. »Oft sogar.«

»Ich auch!«, rief ein anderer. Sie hatten ihn alle so gesehen.

»Aber er war auch nicht schwer zu tragen«, fuhr sie fort, fest auf ihre Näharbeit blickend, »und sein Vater liebte ihn so, dass es keine Last für ihn war – keine Last. Doch horcht: da ist euer Vater an der Tür.«

Sie eilten ihm entgegen, und der kleine Bob mit seinem wollenen Halstuch – er hatte es bitter nötig, der arme Kerl – trat ein. Sein Tee stand bereit, und alle wetteiferten, wie sie ihm am besten behilflich sein konnten. Dann kletterten die beiden jungen Cratchits auf seinen Schoß, und jedes Kind legte seine kleine Wange an die seine, als ob es sagen wollte: ›Denk nicht mehr daran, lieber Vater. Gräme dich nicht.‹

Bob war sehr heiter und sprach liebevoll mit der ganzen Familie. Er besah die Arbeit auf dem Tisch und lobte den Fleiß und den Eifer seiner Frau und Töchter. Sie würden lange vor Sonntag fertig damit sein, meinte er.

»Sonntag!«, rief seine Frau. »Du warst also heute dort, Robert?«

»Ja, meine Liebe«, erwiderte Bob. »Ich wünschte, du hättest auch hingehen können. Es würde dein Herz erfreut haben, zu sehen, wie grün die Stelle ist. Aber du wirst sie oft sehen. Ich versprach ihm, jeden Sonntag hinzugehen. Mein liebes, liebes Kind!«, weinte Bob. »Mein armes Kind!«

Er brach auf einmal zusammen. Er konnte nicht anders. Um anders zu können, hätten er und sein Kind einander vielleicht fremder sein müssen, als sie es waren.

Er verließ die Stube und ging die Treppe hinauf in ein

Zimmer, das hell erleuchtet und mit Weihnachtszweigen aus geschmückt war. Ein Stuhl stand dicht neben dem toten Kind und alles deutete daraufhin, dass vor kurzem jemand hier gewesen war. Der arme Bob setzte sich nieder, und als er ein wenig nachgedacht und sich gefasst hatte, küsste er das Gesichtchen. Er hatte sich mit dem Geschehenen ausgesöhnt und ging guten Mutes wieder hinunter.

Sie setzten sich um den Kamin und plauderten; Mutter und Töchter nähten weiter. Bob erzählte ihnen von Scrooges Neffen und seiner außerordentlichen Güte, obwohl er ihn höchstens ein Mal gesehen hatte. Er habe ihn heute auf der Straße getroffen, und als er, wie Bob sagte, ihn ›ein wenig niedergeschlagen‹ fand, habe er gleich gefragt, was ihn bekümmere. »Hierauf«, sagte Bob, »habe ich ihm alles erzählt, denn er ist der freundlichste Herr, den man sich denken kann. – ›Ich bedaure Sie herzlich, Mr Cratchit‹, sagte er, ›Sie und Ihre gute Frau.‹ – Ach, nebenbei, woher er das nun wieder wusste, möchte ich wissen.«

»Wusste was, mein Lieber?«

»Nun, dass du eine gute Frau bist«, gab Bob zur Antwort.

»Jeder weiß das«, meinte Peter.

»Sehr gut bemerkt, mein Junge!«, rief Bob. »Ich hoffe, jeder weiß es. ›Bedaure herzlich Ihre gute Frau‹, sagte er. ›Wenn ich Ihnen auf irgendeine Weise behilflich sein kann‹, setzte er hinzu, indem er mir seine Karte gab, ›hier ist meine Adresse. Bitte kommen sie zu mir.‹ – Nun«, rief

Bob, »es war nicht, dass er für uns etwas tun könnte, sondern es war seine herzliche Art, warum ich mich so darüber freute. Es schien wirklich, als habe er unseren Tiny Tim gekannt und fühle mit uns.«

»Er hat sicher ein gutes Herz«, sagte Mrs Cratchit.

»Du wärest dir dessen noch sicherer, meine Liebe«, erwiderte Bob, »wenn du ihn gesehen und gesprochen hättest. Es sollte mich wirklich nicht wundern, wenn er Peter eine bessere Stelle verschafft. Denkt an meine Worte.«

»Hör doch nur, Peter«, rief Mrs Cratchit.

»Und dann«, rief eins der Mädchen, »wird sich Peter nach einer Frau umsehen und seinen eigenen Hausstand gründen.«

»Ach, sei still«, entgegnete Peter und lächelte verschmitzt.

»Nun, das kann eines Tages schon kommen«, meinte Bob, »doch bis dahin vergeht noch eine ganze Weile, mein Lieber. Aber wie und wann wir uns auch trennen, ich bin überzeugt, dass keiner von uns den armen Tiny Tim je vergisst – hab ich recht? – oder diese erste Trennung, die wir erfuhren.«

»Niemals, Vater!«, riefen alle.

»Und ich weiß«, fuhr Bob fort, »ich weiß, meine Lieben, wenn wir uns daran erinnern, wie geduldig und sanftmütig er war, obgleich doch nur ein kleines, kleines Kind, dann werden wir untereinander nicht so leicht in Streit geraten und darüber den armen Tiny Tim vergessen.«

»Nein, niemals, Vater«, riefen wieder alle.

»Ich bin sehr glücklich«, sprach der kleine Bob, »wirklich sehr glücklich!«

Mrs Cratchit küsste ihn, seine Töchter küssten ihn, die beiden kleinen Cratchits küssten ihn, und Peter und er drückten sich die Hand. Seele Tiny Tims, dein kindliches Wesen war von Gott!

»Geist«, sprach Scrooge, »etwas sagt mir, dass der Moment unseres Abschieds naht. Ich weiß es, aber ich weiß nicht, woher. Sage mir, wer war es, den wir auf dem Totenbett sahen?«

Der Geist der künftigen Weihnacht führte ihn wie zuvor – aber zu anderer Zeit, dachte Scrooge, denn in der Tat schien das zuvor Geschaute ohne jeden Zusammenhang, außer dass es in der Zukunft lag – an die Versammlungsorte der Geschäftsleute, zeigte ihm aber nicht ihn selbst. Der Geist verweilte freilich nirgends länger, sondern schwebte immer weiter, als strebe er dem eben gewünschten Ziel zu, bis Scrooge ihn inständig bat, einen Augenblick zu warten.

»In diesem Hof, durch den wir gerade hasten«, sagte Scrooge, »liegt mein Geschäft und das schon viele Jahre. Ich erkenne das Haus. Lass mich sehen, was ich in Tagen, die noch vor uns liegen, bin.«

Der Geist stand still; die Hand zeigte anderswohin.

»Dort liegt das Haus!«, rief Scrooge. »Warum deutest du woanders hin?«

Der unerbittliche Finger rührte sich nicht.

Scrooge hastete zum Fenster seines Kontors und

blickte hinein. Es war noch immer ein Kontor, aber nicht das seine. Die Möbel waren anders, und die Gestalt im Stuhl war nicht die seine. Der Geist zeigte in dieselbe Richtung wie zuvor.

Scrooge trat wieder zu ihm hin und nachsinnend, warum und wohin er verschwunden war, ging er ihm nach, bis sie ein eisernes Tor erreichten. Ehe er eintrat, hielt er inne, um sich umzusehen.

Ein Kirchhof. Hier lag also der Unglückliche unter der Erde, dessen Namen er nun erfahren sollte. Es war ein würdiger Ort. Rings von Häusern umgeben, von Unkraut und Gras über wuchert, die dem Tod des Lebens entsprossen, nicht dem Leben selbst, verstopft von zu vielen Leichen, genährt von übersättigtem Genuss. Ein würdiger Ort!

Der Geist stand zwischen den Gräbern und deutete auf eins hinab. Scrooge näherte sich ihm bebend. Das Gespenst stand genau wie zuvor, aber ihm schwante fürchterlich, neue Bedeutung in seiner ernsten Gestalt zu erkennen.

»Ehe ich mich dem Stein nähere, den du mir zeigst«, sagte Scrooge, »beantworte mir eine Frage. Sind dies die Schatten der Dinge, die sein werden, oder nur jene, die sein *können*?«

Immer noch wies der Geist auf das Grab, vor dem sie standen.

»Die Wege des Menschen tragen ihr Ende in sich, zu dem sie führen müssen, wenn man an ihnen festhält«, sagte Scrooge. »Doch weicht man von den Wegen ab, so ändert sich auch der Ausgang. Sag, ist es so mit dem, was du mir zeigen wirst?«

Der Geist stand unbeweglich wie immer.

Dem Finger folgend, kroch Scrooge zitternd auf das vernachlässigte Grab zu und las auf dem Stein seinen eigenen Namen: EBENEZER SCROOGE.

»Bin *ich* es, der auf jenem Bett lag?«, rief er auf die Knie fallend.

Der Finger deutete vom Grab auf ihn und wieder zurück.

»Nein, Geist! Oh, nein, nein!«

Der Finger rührte sich nicht.

»Geist«, schrie Scrooge und klammerte sich fest an sein Gewand, »höre mich an! Ich bin nicht mehr der Mensch, der ich einst war. Ich will der Mensch nicht sein, der ich gewesen sein muss, wenn Ihr nicht gewesen wärt. Warum mir dieses zeigen, wenn ich schon jenseits aller Hoffnung bin?«

Zum ersten Mal schien die Hand des Geistes zu zittern.

»Guter Geist«, fuhr er fort, noch immer auf den Knien liegend, auf die er vor ihm gefallen war, »dein Herz legt Fürbitte für mich ein und bemitleidet mich. Gib mir Gewissheit, dass ich die Schatten, die du mir gezeigt hast, durch ein verändertes Leben noch ändern kann!«

Die gütige Hand zitterte.

»Ich werde Weihnachten in meinem Herzen ehren und versuchen, das ganze Jahr danach zu handeln. Ich will in der Vergangenheit, in der Gegenwart und in der Zukunft leben. Die Geister von allen dreien sollen in mir

lebendig sein. Ich will mich ihren Lehren nicht verschlie-
ßen, die sie mir gegeben haben. Oh, sage mir, dass ich die
Schrift auf diesem Stein austilgen darf!«

In seiner Todesangst ergriff er die gespenstische Hand.
Sie versuchte, sich loszumachen, aber er war unbeirrbar
in seinem Flehen und hielt sie fest. Der Geist, noch un-
beirrbarer, stieß ihn zurück.

Als Scrooge seine Hände in einem letzten Flehen
emporstreckte, um sein Los zu wenden, sah er, wie sich
Gestalt und Gewand der Erscheinung veränderten. Sie
wurde kleiner, fiel in sich zusammen und schrumpfte
schließlich – zu einem Bettpfosten.

STROPHE 5
DAS ENDE

Ja! Und es war sein eigener Bettpfosten. Es war sein eigenes Bett und sein Zimmer. Und das Schönste und Beste:
Es war seine eigene Zukunft, in der er alles wieder gut-
machen konnte!

»Ich will in der Vergangenheit, in der Gegenwart und
in der Zukunft leben«, wiederholte Scrooge, als er aus
dem Bett kletterte. »Die Geister von allen dreien sollen
in mir lebendig sein. Oh, Jacob Marley! Der Himmel und
die Weihnachtszeit seien dafür gepriesen! Ich sage es auf
Knien, alter Jacob, auf Knien!«

Er war von seinen guten Vorsätzen derart erfüllt und
entflammt, dass ihm seine bebende Stimme kaum gehorchte. Bei seinem Ringen mit dem Geist hatte er

bitterlich geweint, und sein Gesicht war von Tränen noch nass.

»Sie sind nicht herabgerissen«, rief Scrooge und umschlang einen der Bettvorhänge mit den Armen, »sie sind noch nicht herabgerissen, mit Ringen und allem! Sie sind da – ich bin noch da – die Schatten der Dinge, die gekommen wären, können vertrieben werden. Ja, ich weiß es, ich weiß es gewiss!«

Die ganze Zeit über waren seine Hände mit seinen Kleidern beschäftigt, die er von innen nach außen drehte, von unten nach oben anzog, zerriss, verlegte und damit allerhand tolles Zeug trieb.

»Ich weiß nicht, was ich tun soll!«, rief Scrooge, der in einem Atemzug lachte und weinte und sich mit Hilfe seiner Strümpfe in einen wahren Laokoon verwandelte. »Ich bin leicht wie eine Feder, selig wie ein Engel, vergnügt wie ein Schuljunge, schwindlig wie ein Betrunkener! Fröhliche Weihnachten allen Menschen! Ein glückliches Neues Jahr der ganzen Welt! Hallo! Heißa! Hurra!«

Er war ins Wohnzimmer gesprungen und blieb dort völlig außer Atem stehen.

»Da ist noch die Pfanne, in der der Haferschleim war!«, rief Scrooge, indem er wieder emporfuhr und um den Kamin sprang. »Da ist die Tür, durch die Jacob Marleys Geist hereinkam, da ist die Ecke, wo der Geist der gegenwärtigen Weihnacht saß, dort das Fenster, durch das ich die ruhelosen Geister sah! Es ist alles richtig, es ist alles wahr, es ist alles geschehen. Hahahaha!«

Und in der Tat: Für einen Mann, der seit so langen Jahren außer Übung war, war es ein vortreffliches Lachen, ein höchst erlauchtes Lachen. Es war der Vater einer langen, langen Reihe köstlicher Lachsalven.

»Ich weiß nicht, den wievielten wir heute haben«, rief Scrooge. »Ich weiß nicht, wie lange ich unter den Geistern weilte. Ich weiß gar nichts. Ich bin wie ein neugeborenes Kind. Einerlei. Macht nichts. Ich will lieber ein Kind sein. Hallo! Heißa! Hurra!«

In seinem Freudentaumel wurde er von dem Geläute der Kirchenglocken unterbrochen, die ihm so fröhlich zu klingen schienen wie nie zuvor. Bim-bam-klong, ding-dong-kling, kling-dongding, klong-bam-bim! Nein, es war zu herrlich, zu herrlich!

Er lief zum Fenster, öffnete es und steckte den Kopf hinaus. Kein Nebel, keine dicke Luft, ein klarer, heller, heiterer, frischfroher Morgen; eine Kälte, die das Blut zum Tanzen brachte; goldenes Sonnenlicht, göttlicher Himmel, köstlich erquickende Luft, fröhliche Glocken. Oh, wie herrlich, wie herrlich!

»Welchen Tag haben wir heute?«, rief Scrooge einem Jungen in Sonntagskleidern zu, der zufällig in den Hof getreten war, um sich umzusehen.

»*Wie?*«, gab der Junge ganz verwundert zurück.

»Welchen Tag haben wir heute, mein Junge?«, rief Scrooge wieder.

»Heute?«, antwortete der Junge. »Na, Weihnachten natürlich.«

»Es ist Weihnachten!«, sagte Scrooge zu sich selbst. »Ich habe den Tag also nicht versäumt. Die Geister haben alles in einer einzigen Nacht vollbracht. Sie können alles, was sie wollen. Natürlich können sie das, natürlich. – Heda, mein Junge!«

»Heda!«, antwortete der Junge.

»Kennst du den Geflügelhändler an der Ecke der übernächsten Straße?«, fragte Scrooge.

»Das will ich meinen«, entgegnete der Bursche.

»Ein gescheiter Junge!«, nickte Scrooge. »Ein bemerkenswerter Bursche! Weißt du, ob der stattliche Truthahn, der dort hing, schon verkauft ist? Nicht der kleine, sondern der ganz große!«

»Was? Der so groß ist wie ich?«, fragte der Junge.

»Was für ein großartiger Junge!«, sagte Scrooge. »Es ist eine Freude, mit ihm zu sprechen. Ja, mein Prachtjunge, der!«

»Der hängt da noch«, rief der Junge.

»So?«, sprach Scrooge. »Dann geh und kauf ihn!«

»Hat sich was!«, spottete der Junge.

»Nein, nein«, versicherte Scrooge, »es ist mein Ernst. Geh hin und kauf ihn und sag, sie sollen ihn herbringen, damit ich ihnen sagen kann, wo sie ihn hinbringen sollen. Komm mit dem Träger wieder, und ich geb dir einen Schilling. Komm mit dem Träger in weniger als fünf Minuten wieder, und du bekommst eine halbe Krone!«

Der Junge lief los wie aus der Pistole geschossen. Aber es hätte schon einer sehr sicheren Hand am Abzug bedurft, um einen Schuss nur halb so schnell abzugeben.

»Ich will ihn Bob Cratchit schicken«, flüsterte Scrooge, rieb sich die Hände und barst schier vor Lachen. »Er soll nicht wissen, wer ihn schickt. Er ist zweimal so groß wie Tiny Tim. Kein Joe Miller* hat je einen so guten Scherz gemacht wie ich mit dieser Sendung an Bob!«

Als er die Adresse schrieb, zitterte seine Hand, aber er brachte es irgendwie zuwege, und ging dann die Treppe hinab, um das Haustor zu öffnen, bereit, den Träger des Geflügelhändlers zu empfangen. Wie er so dastand und auf dessen Ankunft wartete, fiel sein Blick auf den Türklopfer.

»Der soll mir lieb sein, solange ich lebe!«, rief Scrooge und streichelte ihn mit der Hand. »Früher habe ich ihn kaum angesehen. Was für ein ehrliches Gesicht er hat! Ein wunderbarer Türklopfer! – Da kommt der Truthahn. Hallo! Heißa! Wie geht's? Fröhliche Weihnachten!«

Und was für ein Truthahn es war! Der kann nie auf seinen Füßen gestanden haben, dieser Vogel. Sie wären augenblicklich eingeknickt wie Siegellackstangen.

»Nein, das ist ja fast unmöglich, den nach Camden Town zu tragen«, sagte Scrooge. »Ihr müsst einen Wagen nehmen.«

Das Kichern, mit dem er das sagte, und das Kichern, mit dem er den Truthahn bezahlte, und das Kichern, mit dem er den Wagen bezahlte, und das Kichern, mit dem er den Jungen entlohnte, wurde nur von dem Kichern übertroffen, mit dem er sich atemlos wieder in seinen Sessel fallen ließ und kicherte, bis ihm die Tränen herunterliefen.

---

* Engl. Schauspieler und Komiker; Anm. d. Ü.

Das Rasieren war keine Kleinigkeit, denn seine Hand zitterte immer noch sehr; und Rasieren verlangt große Aufmerksamkeit, auch wenn man keinen Tanz dabei aufführt. Aber selbst wenn er sich die Nasenspitze abgeschnitten hätte, er hätte sie mit einem Pflaster bedeckt und wäre damit zufrieden gewesen.

Er zog seine besten Kleider an und trat endlich auf die Straße. Die Menschen strömten bereits aus den Häusern, wie er es gesehen hatte, als er den Geist der gegenwärtigen Weihnacht begleitete; die Hände auf dem Rücken schlenderte er dahin und sah jedem mit einem vergnügten Lächeln ins Gesicht. Kurz, er schaute so unwiderstehlich heiter drein, dass ihm drei oder vier gut gelaunte Leute zuriefen: »Guten Morgen, Sir! Fröhliche Weihnachten!« Und Scrooge erzählte später oft, dass von allen lieblichen Klängen, die er je vernommen, dieser seinem Ohr am lieblichsten geklungen hätte.

Er war noch nicht weit gegangen, als er denselben stattlichen Herrn auf sich zukommen sah, der am Tag zuvor in seinem Kontor mit den Worten »›Scrooge und Marley‹, wenn ich nicht irre?« erschienen war. Es gab ihm einen Stich ins Herz, als ihm einfiel, was dieser Herr wohl von ihm denken würde, wenn sie sich begegneten; aber er wusste, welchen Weg er zu gehen hatte, und er ging ihn.

»Werter Herr«, rief Scrooge, beschleunigte seinen Schritt und ergriff beide Hände des alten Mannes. »Wie geht es Ihnen? Ich hoffe, Sie hatten gestern einen erfolgreichen Tag. Es war sehr freundlich von Ihnen. Ich wünsche Ihnen Fröhliche Weihnachten, Sir.«

»Mr Scrooge?«

»Ja«, erwiderte Scrooge. »Das ist mein Name, und ich fürchte, er klingt Ihnen nicht sehr angenehm. Erlauben Sie, dass ich Sie um Verzeihung bitte! Und würden Sie die Güte haben …«, hier flüsterte Scrooge ihm etwas ins Ohr.

»Gütiger Himmel!«, rief der Herr, als ob ihm der Atem ausgeblieben wäre. »Mein lieber Mr Scrooge, ist das Ihr Ernst?«

»Wenn es Ihnen beliebt«, sagte Scrooge. »Keinen Penny weniger. Wissen Sie, es sind sehr viele Rückstände dabei. Wollen Sie die Güte haben?«

»Bester Herr«, sagte der andere und schüttelte ihm die Hand. »Ich weiß wirklich nicht, was ich zu solcher Freigeb…«

»Ich bitte Sie, sagen Sie nichts«, unterbrach ihn Scrooge, »aber besuchen Sie mich. Wollen Sie mich besuchen?«

»Herzlich gern«, rief der alte Herr. Und man sah, dass es ihm ernst war.

»Ich danke Ihnen«, sagte Scrooge. »Ich bin Ihnen sehr verbunden. Ich danke Ihnen tausendmal. Leben Sie recht wohl!«

Er ging in die Kirche, schlenderte durch die Straßen, beobachtete, wie die Leute hin und her eilten, tätschelte Kindern die Wange, forschte Bettler aus, spähte in die Küchen der Häuser hinab und lugte zu den Fenstern hinauf, und er fand, dass ihm all das Vergnügen bereiten konnte. Er hätte sich nie träumen lassen, dass ein Spaziergang – dass überhaupt irgendetwas – ihn so glücklich machen konnte. Am Nachmittag lenkte er seine Schritte zum Haus seines Neffen.

Er ging wohl ein Dutzend Mal an der Tür vorüber, ehe er den Mut fand, heranzutreten und zu klopfen. Endlich fasste er sich ein Herz und tat es:

»Ist dein Herr zu Hause, liebes Mädchen?«, fragte Scrooge das Hausmädchen. Ein hübsches Mädchen. Sehr hübsch!

»Ja, Sir.«

»Wo ist er, liebes Kind?«, sagte Scrooge.

»Er ist im Speisezimmer, Sir, mit der gnädigen Frau. Ich werde Sie nach oben führen, wenn Sie erlauben.«

»Danke, danke. Er kennt mich«, erwiderte Scrooge, und seine Hand lag bereits auf der Klinke der Speisezimmertür. »Ich will hier eintreten, meine Liebe.«

Er öffnete leise und schob seinen Kopf durch die Türspalte. Sie betrachteten gerade den Esstisch, der prächtig gedeckt war, denn junge Gastgeber sind in diesem Punkt stets nervös und sehen es gern, wenn alles in hübschester Ordnung ist.

»Fred!«, rief Scrooge.

Du lieber Himmel, wie seine angeheiratete Nichte erschrak! Scrooge hatte für einen Augenblick vergessen, dass sie mit dem Fußbänkchen in der Ecke saß, sonst hätte er um keinen Preis gerufen.

»Meiner Treu!«, rief Fred. »Wer kommt denn da?«

»Ich bin's. Dein Onkel Scrooge. Ich komme zum Essen. Lässt du mich ein, Fred?«

Ihn einlassen! Es war ein Glück, das er ihm den Arm nicht abriss. Binnen fünf Minuten fühlte sich Scrooge zu Hause. Nichts konnte herzlicher sein als die Begrüßung seines Neffen. Auch seine Nichte war nicht minder herzlich. Ebenso Topper, als er kam. Und die runde Schwester und alle, wie sie der Reihe nach kamen. Wundervolle Gesellschaft, wundervolle Spiele, wundervolle Eintracht, wundervolle Glückseligkeit!

Doch am nächsten Morgen war Scrooge schon früh in seinem Kontor. Oh ja, er war früh dort. Hauptsache, er konnte als Erster dort sein und Bob Cratchit beim Zuspätkommen erwischen! Danach stand ihm jetzt der Sinn.

Und es gelang ihm, ja, wahrhaftig! Die Uhr schlug neun. Kein Bob. Viertel nach neun. Kein Bob. Er war volle achtzehn und eine halbe Minute zu spät. Scrooge saß bei weit geöffneter Tür, damit er ihn in sein Verlies treten sähe.

Hut und Schal waren abgenommen, bevor er die Tür noch öffnete. Flugs saß er auf seinem Stuhl und jagte mit der Feder über das Papier, als würde er versuchen, die neunte Stunde einzuholen.

»Heda!«, knurrte Scrooge und ahmte so gut es ging die alte Stimme nach. »Was fällt Ihnen ein, zu dieser Tageszeit zu erscheinen?«

»Es tut mir sehr leid, Sir«, antwortete Bob, »ich habe mich wirklich verspätet.«

»Tatsächlich?«, gab Scrooge zurück. »Na, das will ich meinen. Hier herein, Sir, wenn's gefällig ist.«

»Es geschieht ja nur einmal im Jahr, Sir«, verteidigte sich Bob und trat vom Verlies herein. »Es soll nicht wieder vorkommen. Ich habe ein bisschen gefeiert gestern, Sir.«

»Nun, ich will Ihnen etwas sagen, Freundchen«, sagte Scrooge. »Ich werde mir das nicht länger ansehen. Und deshalb«, fuhr er fort, sprang von seinem Stuhl auf und versetzte Bob einen solchen Stoß vor die Brust, dass er in das Verlies zurücktaumelte, »und deshalb will ich Ihr Salär erhöhen!«

Bob zitterte und näherte sich ein wenig dem Lineal. Einen Augenblick lang hatte er den Gedanken, Scrooge damit eins auf den Kopf zu geben, ihn festzuhalten und die Leute im Hof um Beistand und eine Zwangsjacke zu bitten.

»Fröhliche Weihnachten, Bob!«, sagte Scrooge mit unmissverständlichem Ernst und klopfte ihm auf den Rücken. »Ein fröhlicheres Weihnachten, Bob, mein lieber Freund, als ich es Ihnen über Jahre bereitet habe! Ich werde Ihr Salär erhöhen und mich bemühen, Ihrer Familie, die schwer zu kämpfen hat, unter die Arme zu greifen. Wir wollen Ihre Angelegenheiten noch heute Nachmittag bei einer Schale dampfendem Weihnachtspunsch besprechen, Bob! Schüren Sie das Feuer und kaufen Sie einen anderen Kohleneimer, ehe sie wieder ein Tüpfelchen auf ein i machen, Bob Cratchit!«

Scrooge war besser als sein Wort. Er tat nicht nur alles, sondern unendlich viel mehr, und für Tiny Tim, der *nicht starb*, war er ein zweiter Vater. Er wurde ein so guter Freund, Lohnherr und Mensch, wie man ihn nur in der guten alten Stadt oder in jeder anderen guten alten Stadt, jedem Städtchen oder Flecken in der guten alten Welt zu finden vermochte. Einige Leute lachten, als sie ihn so verändert sahen; aber er ließ sie lachen und kümmerte sich wenig darum, denn er war klug genug, zu wissen, dass nichts Gutes in der Welt geschah, worüber nicht einige Leute von Anfang an vor Lachen platzen; und da er wusste, dass solche Leute niemals aufwachen würden, dachte er, es wäre besser, sie legten ihre Gesichter durch Lachen in Falten, als dass sie es auf weniger angenehme Weise täten. Sein eigenes Herz lachte auch, und damit war er vollauf zufrieden.

Er hatte keinen weiteren Umgang mit Geistern, lebte aber fortan nach dem Grundsatz völliger Enthaltsamkeit; und man sagte ihm stets nach, wenn überhaupt ein Lebender Weihnachten zu feiern verstünde, dann er. Möge dies auch von uns in Wahrheit behauptet werden, und zwar von uns allen! Und so schließe ich mit Tiny Tim: Gott segne jeden von uns!

Quellenverzeichnis

Andersen, Hans Christian: *Der Tannenbaum*. Aus: *Andersens Märchen*. Vollständige Ausgabe. Anaconda Verlag, München 2010.

Aus Russland: *Väterchen Frost*. Aus: A. N. Afanasjew, *Russische Volksmärchen*. Anaconda Verlag, München 2008.

Bonhoeffer, Dietrich: *Von guten Mächten*. Aus: *Dietrich Bonhoeffer. Widerstand und Ergebung. Briefe und Aufzeichnungen aus der Haft*. Hg. von Eberhard Bethge, 1951.

Dehmel, Paula: *Vom Feuermännchen und der Maus Grisegrau*. Aus: *Das grüne Haus. Märchen, Geschichten und ein Neujahrsspiel*. Schaffstein, Köln 1907.

Dickens, Charles: A *Christmas Carol – Ein Weihnachtslied in Prosa*. Aus: *Weihnachtserzählungen*. München 2012. (Gekürzt.)

Fontane, Theodor: *Zu Weihnachten*. Aus: *Grete Minde*.

Nach einer altmärkischen Chronik. Verlag Wilhelm Hertz, Berlin 1880.

Goethe, Johann Wolfgang von: *Zum neuen Jahr.* Aus: *Berliner Ausgabe. Poetische Werke,* Bd. 1. Aufbau Verlag, Berlin 1960.

Grimm, Wilhelm und Jacob: *Grimms Märchen. Vollständige Ausgabe. Mit 444 Illustrationen von Otto Ubbelohde.* Anaconda Verlag, München 2009.

Hofmannsthal, Hugo von: *Weihnacht.* Aus: *Gesammelte Werke in zehn Einzelbänden,* Bd. 1. Fischer Taschenbuch, Frankfurt a. M. 1979.

Lagerlöf, Selma: *Ein Weihnachtsgast.* Aus: *Die schönsten Geschichten der Lagerlöf.* München 1953.

Lindsay, Maud: *Das Versprechen.* Aus: *Weihnachtsmärchen aus aller Welt.* Hg. von Erich Ackermann, Anaconda Verlag, München 2014.

Maupassant, Guy de: *Der Weihnachtsabend.* Aus: *Gesammelte Werke.* Bd. 1, *Fräulein Fifi.* Berlin, 1921.

Němcová, Božena: *Drei Haselnüsse für Aschenbrödel.* Aus: *Tschechische Märchen.* Hg. von Erich Ackermann, Anaconda Verlag, München 2023.

Novalis: *Fern in Osten wird es helle.* Aus: *Schriften. Die Werke Friedrich von Hardenbergs,* Bd. 1. Kohlhammer, Stuttgart 1960–1977.

O. Henry: *Das Geschenk der Weisen.* Aus: *Das Geschenk der Weisen und andere Weihnachtserzählungen.* Anaconda Verlag, München 2022.

Paul, Jean: *Geschichte eines Pfefferkuchenmannes.* Aus: *Werke.* Hempel Verlag, Berlin 1886.

Potter, Beatrix: *Der Schneider von Gloucester.* Aus: *Sämtliche Geschichten von Peter Hase und seinen Freunden.* Anaconda Verlag, München 2015.

Rilke, Rainer Maria: *Vor Weihnachten 1914.* Aus: *Gesammelte Werke. Die Gedichte.* Anaconda Verlag, München 2020.

Ringelnatz, Joachim: *Der Weihnachtsbaum.* Aus: *Das Gesamtwerk in sieben Bänden,* Bd. 1. Diogenes, Zürich 1994.

Rosegger, Peter: *Als ich die Christtagsfreude holen ging.* Aus: *Als ich noch der Waldbauernbub war.* Gemeinschaftsausgabe Staackmann Verlag und Österreichischer Agrarverlag, München und Wien 1974.

Schlegel, Friedrich: *Weihnachtslied.* Aus: *Dichtungen,* Bd. 5. Schöningh, München u. a. 1962.

Storm, Theodor: *Da stand das Kind am Wege.* Aus: *Immensee.* Berlin 1851.

Tucholsky, Kurt: *Pariser Weihnachten.* Aus: *Gesammelte Werke.* Bände 1–3, 1907–1932. Hg. von Mary Gerold-Tucholsky und Fritz J. Raddatz. Rowohlt, Reinbek 1960.

Voragine, Jacobus de. *Aus dem Leben des heiligen Nikolaus.* Aus: *Legenda Aurea*, Leipzig 1846.

Wilde, Oscar: *Der selbstsüchtige Riese.* Aus: *Sämtliche Märchen und Erzählungen.* Sammlung Dieterich, Bd. 221, Berlin 1954.